リブセンス

生きる意味

上阪 徹

25歳の
最年少上場社長
村上太一の
人を幸せにする
仕事

日経BP社

はじめに　25歳の最年少上場社長から学べること

インタビューをして文章を書くという仕事を続けてきて、幸運にも、たくさんの経営者に話を聞くことができた。

おそらく、800人は超えていると思う。

その中には、事業で大成功を収め、自分で立ち上げた会社の株式を上場させた人も少なくない。

会社を立ち上げ、成長させるのには、大きなエネルギーが必要である。だからだろうか、起業家にはギラギラとした雰囲気のある人が多かった。

「何か大きなことをしたい」「お金持ちになりたい」というわかりやすい言葉をはっきりと口にする人もいた。口には出さなくても、社会に大きなインパクトを与えたいという強烈な意欲を抱いていることが伝わってきた。

だからこそ、私はあるニュースに強い興味を覚えた。それは、2011年12月に史上最年少の25歳1カ月で上場した社長について書かれた雑誌記事だった。

上場によって巨額の資産を得たはずの彼だが、今でも学生が住んでいるようなマンションで一人暮らしをしており、部屋には冷蔵庫もないという。

上場の承認を得た日は、仲間とお祝いをするでもなく、自宅近くの定食屋でから揚げ定食を食べたそうだ。

彼の名前は**村上太一**《むらかみたいち》。

インターネットでアルバイト情報サイトなどを運営する、**リブセンス**の代表取締役社長である。

その記事には、ニコニコと微笑む村上の顔写真も掲載されていた。ごく普通の25歳の青年に見えた。それは、私が持っていたギラギラとした起業家のイメージからは遠くかけ離れた笑顔だった。

村上は、早稲田大学の1年生のときに株式会社リブセンスを創業し、それからわずか5年で、会社を東証マザーズに上場させた。

それまでの最年少上場記録は、2006年6月に上場したアドウェイズの代表取締役社長、岡村陽久の26歳2カ月だった。記録更新は5年ぶりであり、しかも1歳以上も若くなった。

なぜ、「ごく普通の25歳の青年」が、ＩＴバブルでもベンチャーブームでもないこの時期に、最年少上場記録を塗り替えることができたのか。

これが、本書の出発点である。

ひょっとしたら、あのニコニコとした笑顔の下には、誰にも負けない天才的な頭脳が隠されているのかもしれない。もしくは、ベンチャー経営の王道を誰かに叩き込まれ、恵まれた環境で学んできたのかもしれない。

だが、長時間にわたるインタビューで村上から直接話を聞き、こうして原稿をまとめている今、はっきりと確信したことがある。

それは、彼はやはり「**ごく普通の25歳の青年**」であるということだ。

そして、リブセンスは、この停滞感が漂う日本の社会の中で、必然的に生まれた会社、といえるかもしれない。

村上は、これまでいろいろなメディアに登場し、「人々の不便をなくし、世の中の役に立ち、事業を大きくして社会に良い影響を与えたい」と語っている。

そして、「なくなったら困るような、文化となるウェブサービスを作るのが目標です」ともいう。

利益をあげることが最大の目的ではない、というのだ。

利潤の追求ではなく、もっと別のものを求めて会社を経営している。

それは、何か。

ヒントになるのは、リブセンスの経営理念の言葉である。


〝幸せから生まれる幸せ〟


つまり、人を幸せにすることによってこそ、自分たちも幸せになれるということだ。これが、史上最年少の上場経営者である村上が掲げた会社の理念なのである。

なんと青臭い、と思うかもしれない。

何をきれいごとを、と感じるかもしれない。

だが、彼は、この理念をさまざまな場で強調している。真剣にこの理念を追求し、これからもそうすると断言しているのだ。

そして、こんな経営理念を掲げる会社が、大きな躍進を遂げて、株式を上場させるまでに至ったという事実。これが何を意味しているのか。それを真剣に考えるべきではないか、と思うのだ。

日本が今、大きな曲がり角にさしかかっていることは、わざわざいうまでもない。過去の〝成功モデル〟には、あちこち歪みが生じている。さまざまなシステムが老朽化し、多くの人が将来に不安を感じている。

次に何をするべきなのか、どうすれば山積みになっている問題を解決できるのか、誰にもわからない。ひとつだけはっきりしているのは、今のままでは、とても厳しい未来が待っている可能性が高いということである。

もしかしたら、村上太一という人物に、これからの日本を考えていく上での大きなヒントがあるのではないか。もっといえば、今の20代、つまり次の日本を背負って立つ若者たちの中に、新しい可能性が芽生えているのではないか。

実際、会って話をしてみると、村上は上の世代の経営とは違った。

起業家然とした雰囲気や、偉ぶったところはまったくない。どんな質問を投げかけても、ニコニコと笑顔を絶やさず、真摯に答えてくれる。そして何より、物理的な欲望がまるでない。権力欲のようなものもない。びっくりするくらい、ないのだ。

上場後、大きな注目を集めている状況であるにもかかわらず、平常心を保ち、謙虚な姿勢を崩さない。かといって自信がないのではなく、「上場は通過点です。社会に大きな影響を与えるような会社を目指したいです」と事業への意識は高い。

「25歳での最年少上場」とさらりと書いたが、考えてみればこれはとんでもないことである。高校を出てから6年、大学を出てわずか2年で、自分の会社を「社会的な存在」に押し上げてしまったのだ。

もし、10年前のベンチャーブームのころならば、村上はもっと大きく騒がれて、時代の寵児になっていたかもしれない。

だが、今の日本にはそんな空気はない。だからこそ、この本には大きな意義があると自負している。時代は大きく変わってきているということだ。

日本ではこれまで、起業に成功した人へ向けられる関心が、あまり健全ではないと私は感じてきた。とりわけ起業家を見る目が、なんとも微妙なものなのだ。

持ち上げられ、賞賛される一方で、ネガティブに見られ、ささいな言動からバッシングを受けることもある。ライブドア事件以降、そうした傾向が顕著になってきた。

その点、アメリカはどうだろう。私は、アメリカ人の起業家へインタビューしたことが幾度となくある。彼らによると、アメリカでは、「起業の価値」が確立されているという。優秀な学生は、当たり前のように起業を選択する。最も困難なことに挑戦することこそ、何より尊敬を集めるからだ。

これは、中学生に「将来つきたい職業」についてアンケートすると上位に公務員がランクインしてしまう日本とは、大きな差である。

だが、「日本はベンチャーが育つ風土がないからダメだ」と思う必要はもうない。

なぜなら、リブセンスをはじめ、多くのベンチャーが実は日本にもしっかりと生まれてきているからである。その事実が意外に知られていないのだ。

そして、起業家たちの本当の素顔も、あまり知られていない。知られていないからこそ、ヘンな目で見られてしまう。

今、起業家がどんなことを考えているのか。これからどのような起業家が現れてくるのか。史上最年少上場経営者である村上の言葉を聞けば、こうしたことが見えてくるのではないか。

大企業に勤めていても安心できないような時代に、子供にどのような進路を歩ませればいいのかと悩んでいる人も多い。自ら起業し、道を切り開こうという若者も増えてきた。また、最年少で上場した経営者が率いる会社がどのようなものか知りたいという人も多いだろう。

そのようなみなさんが、この本を読み終えたとき、思わぬ何かを得られると、私は確信している。

日本も捨てたもんじゃない、こんな若者がいるのだ、ということを多くの人に知っていただけたら、こんなにうれしいことはない。

2012年7月　上阪徹

目次

はじめに　25歳の最年少上場社長から学べること　1

第1章　人を幸せにするビジネスモデル　15

・「これで儲かるんですか？」といわれるアルバイト情報サイト　17
・広告を出せば費用がかかるという常識を覆す　21
・若者の間で支持を集めた「採用祝い金」　26
・100社以上の競合に真似されても負けない理由　30

第2章　起業を決意した高校時代　35

・上場してもブレない25歳の社長の秘密 36
・「生きる意味」を自らに問いかけた高校生 38
・テニス部で1年間球拾い。
理不尽な先輩の命令に耐える 41
・放任主義の教育がビジネスへの興味を育てた 44
・本に答えを求めず、自分の頭で考え続ける 48
・「起業なんて無理だ」といわれなかった 51
・簿記とシスアドの資格を高校2年生で取得 55
・文化祭実行委員として100人ものスタッフを動かす 58
・アルバイト探しで自分が感じた
〝不便さ〟をヒントに 61
・別の高校のプログラマーをスカウトする 63
・起業するために政治経済学部への進学を選ぶ 66

第3章

ベンチャーキャピタルはすべて断る

69

・大学入学時には事業計画書を作っていた 70
・ビジネスが中心の大学生活を送れるよう準備をする 72
・コンテストで優勝するために最前列で講義を聴く 75
・プレゼンテーションではやる気とフレッシュさをアピール 78
・営業のノウハウをバイトで身に付ける 81
・段取りの良さを発揮し、綿密なスケジュールを作る 84
・何もいわずに創業資金を貸した両親 87
・ベンチャーキャピタルの申し出は断る 90
・過労死するほど働くのが当たり前だと思っていた 94

・起業するためにビジネスモデルを変更する 97
・大企業を中心に攻め、手ごたえを感じた営業活動 100
・苦渋の決断でサイトのリリースを遅らせる 104

第4章

器用じゃないから乗り越えられた

109
・自前でコツコツSEOを頑張る 110
・お客さまにより喜んでもらうためにビジネスモデルを再度変更 114
・画期的な祝い金のシステムで多様なニーズを満たす 117
・追い詰められ、事業の売却を検討する 121
・ついにブレイク！ 初年度の20倍の売り上げを達成 125

・器用じゃなかったから乗り越えることができた 128
・売り上げが伸びても自分たちはまだまだと思う 131
・今でも後悔する、お世話になった人を裏切る失態 133
・正義を押し通すことが必ずしもいいとは限らない 135

第5章

上場は当然の通過点

141
・初めて採用した社員はずっと年上の43歳 142
・大きな会社を目指すなら上場は当然のこと 144
・思い切った引越しでみんなの意識が変わる 147
・アルバイトでも評価する。役員を超える報酬でもいい 151
・ケチケチ経営の原点は自分の金銭感覚 155
・競合が現れてもあわてず求人数1位を達成 157

・苦しい新規プロジェクトがリーダーを育てた 160
・不動産の分野でも自分の感じた不便を解消する 163
・新規事業のヒントは〝既存のモデルの組み合わせ〟 165

第6章

最年少上場社長はどう育ったか

171
・ごく普通の家庭でごく普通に育てられる 172
・身近にいた2人の祖父の影響でビジネスに興味を持つ 175
・小さいころから大人と接し、物怖じしない若者になった 178
・母親から教わったビジネスセンス 181
・「やれ」といわれてもやりたくないことはやらない 184
・負けず嫌いだが、負けを認めるときは認める 187
・「個性」と「常識」のバランスを間違えない 189

第7章 人を幸せにするのは自分のため 193

・最年少で華々しく上場しても冷静でいられる理由 194
・流行に流されない賢い20代の登場 196
・自分がやりたいことは過去を振り返れば見つかる 199
・寄付は自分のためにする。人を幸せにするのも自分のため 202
・人の幸せのためだから人は頑張れる 204
・サッカー選手の著書に共感。「普通の人」の勝ち方を追求する 207
・何が〝正しい〟のか世に問うために戦う 210

おわりに 215

リブセンスと村上太一社長についての年表 220

第1章

人を幸せにするビジネスモデル

2011年12月7日、リブセンスは東証マザーズに上場した。最年少上場記録を更新した代表取締役社長の村上太一は、恒例のセレモニーで力強く鐘をたたいた。

「これで儲《もう》かるんですか?」といわれるアルバイト情報サイト

2011年12月7日、リブセンスは東証マザーズに上場した。

恒例となっている新規上場会社による「鐘つき」のセレモニーでは、社長の村上太一がいつものニコニコ顔で力強く鐘をたたき、その様子は夜の経済ニュース番組などで放送された。

そして、年が明けた2012年1月5日、村上は夜9時から放送のNHKのニュース番組に生出演した。新春特別企画と銘打ったコーナーで、新潟県津南町議にトップ当選した東京大学大学院生の桑原悠《くわはらはるか》と「25歳対談」を行ったのである。

桑原は大学院2年の在学中に、実家のある津南町の町議選に立候補した。きっかけは東日本大震災の翌日に起きた長野県北部地震だった。

震源地の長野県栄村と隣り合う津南町も震度6弱を記録し、道路に亀裂が入ったり建物が傾くなどの被害が出た。

「ふるさとを立て直したい」。そう訴えた桑原は、なんと2位の2倍もの票を獲得してトップ当選したのである。

村上と桑原の両者に期待されているのは、〝若さ〟だろう。課題が山積みの日本社会をどう立て直すのか。その希望を担う人物としてNHKが新年の番組に登場させたのが、25歳の2人だったのである。

対談ではまず、村上の紹介VTRが流れ、そしてリブセンスの事業モデルが説明された。このとき、NHKの男性アナウンサーがポツリと漏らした素朴な疑問が、まさに、リブセンスという会社を象徴していた。

「**これで儲かるんですか？**」

村上はいつものニコニコ顔のまま「ハイ」と答えた。上場したのだから、当然、利益は出ている。実際、2011年12月期の決算では、売上高が11億3450万円、営業利益が5億1876万円である。利益率はなんと4割を超えている。

だが、村上よりも2倍もの年齢を重ねているNHKの男性アナウンサーには、どうしてリブセンスが利益をあげられるのか不思議だったのかもしれない。

リブセンスが主力としているのは、アルバイト情報サイト「**ジョブセンス**」である。アルバイトを採用したい企業がジョブセンスに募集広告を出し、アルバイトを探している利用者がそれを見て応募をする。

このサイトは、リブセンスが誕生したときから運営しているサービスであり、村上が高校時代にアルバイトを探したときに感じた〝不便さ〟が原点となっている。現在は、業界トップクラスの5万件を超える求人情報が掲載されている。

アルバイト情報を掲載するサイトというのは、インターネットの初期のころからあった。もっといえば、ネットがない時代にも、新聞や雑誌など紙の媒体でアルバイト情報は掲載されていた。昔からあるビジネスであり、その意味では、リブセンスは後発中の後発なのである。

２００６年に創業したときにも、競合するサイトはすでに山のようにあった。一緒に創業した仲間も、当初は「今さらバイト情報サイトか」と思ったという。

そうした多くの競合に負けることなく、リブセンスが目覚ましい成長を遂げることができたのは、その画期的なビジネスモデルにある。

だが、ＮＨＫの男性アナウンサーがいった通り、それは一見、儲からなさそうなビジネスモデルなのだ。

アルバイトを採用したい企業は、ジョブセンスのサイトに、なんと「**無料**」で募集広告を出すことができる。広告を出す際に料金を払う必要は一切ない。

その広告を見て応募してきた人を採用したときに、初めて企業はお金を払う。

このようなシステムを、「**成功報酬型**」という。業界の常識を覆すやり方である。

ところが、話はこれで終わりではない。

応募者は、採用が決まると、リブセンスから最大2万円の「**採用祝い金**」がもらえるのだ。

この祝い金は、数あるアルバイト情報サイトの中からジョブセンスを使おうというインセンティブになる。だが、もちろん、その分リブセンスの利益は減ってしまう。募集広告を無料で掲載し、採用が決まった利用者には祝い金を出す。これでは男性アナウンサーが「儲かるんですか？」と思わず聞いてしまうのも無理はない。

実際、そのように感じた人はほかにもいる。創業間もなくのころ、学生だった彼らが営業に行った先で、

「**そんなビジネスモデル、本当に成り立つの？ 学生が考えそうな浅はかなアイディアだよね**」

といわれてしまったのだそうだ。

だが、成り立つどころではない。創業5年で上場してしまったのだから。

広告を出せば費用がかかるという常識を覆す

では、この画期的なビジネスモデルは、どのようにして生まれたのか。

村上はインタビューでこう語っている。

「とにかく、お客さまが満足するものを作りたいと思ったんです。広告を出稿する企業も、アルバイトに応募する利用者も、きちんと満足するようなサービスが、これまで本当にあったのかな、と感じていたからです」

アルバイトを探している人が満足するサービスとはどのようなものだろう。利用者にとって一番ありがたいのは、自分にぴったりのバイトが見つかること。そのためには、掲載されている求人の数が多ければ多いほどいい。

「理想は、世の中にあるすべてのアルバイト情報が掲載されていること」であると村上はいう。

だが、従来のビジネスモデルでは、それは極めて難しかった。なぜなら、求人広告を出すには、企業はお金を払わなければならないからである。

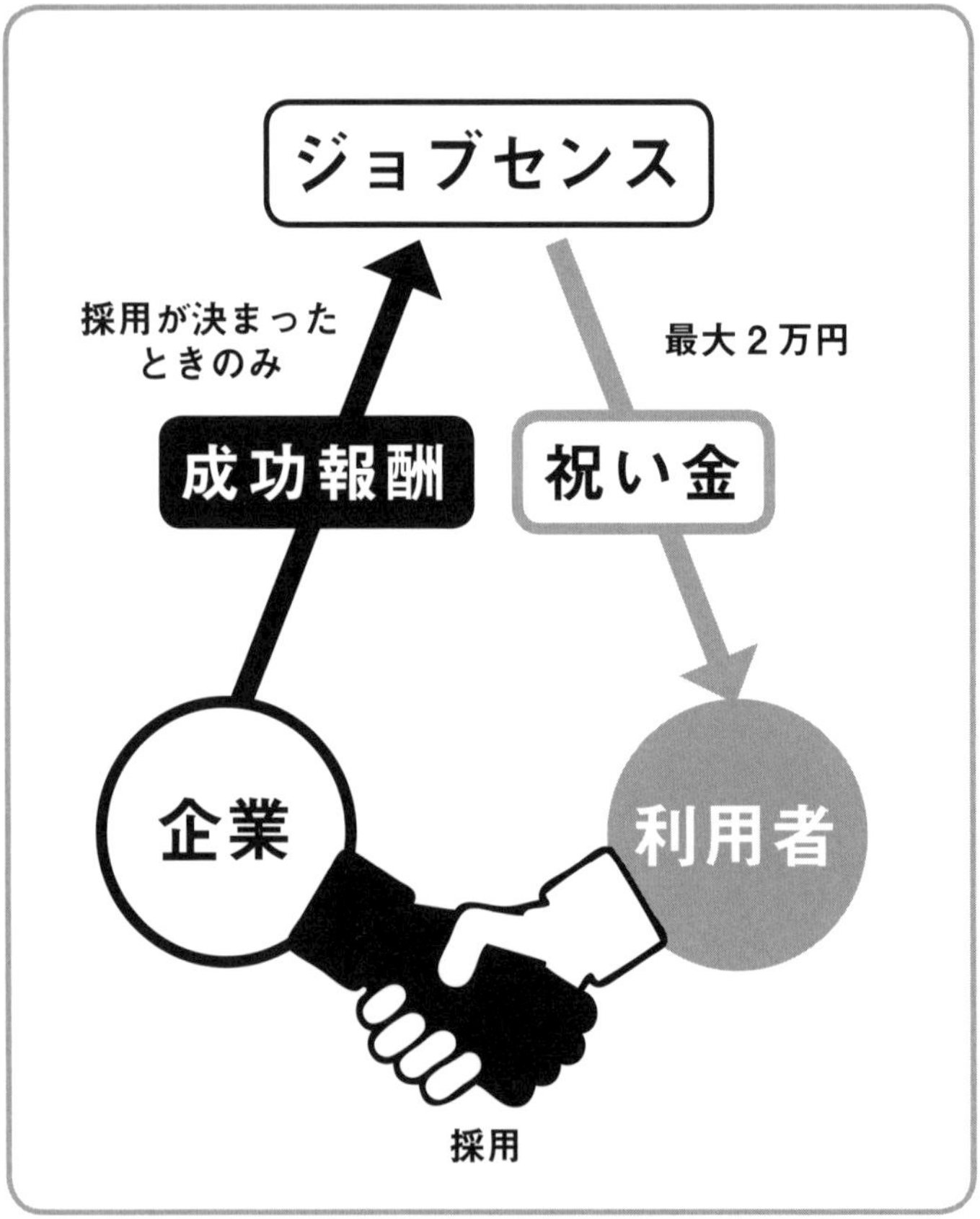

リブセンスの主力であるアルバイト情報サイト「ジョブセンス」では、企業は広告を無料で掲載でき、成功報酬としてアルバイトの採用が決まったときだけ広告料を払う。利用者は、アルバイトが決まると、ジョブセンスから最大で2万円の祝い金がもらえる。

たとえ採用ができなくても、広告を出せば広告費がかかるのが、かつての常識だった。しかも、掲載期間も決まっており、長く広告を出そうと思ったらそれだけお金がかかる。

村上はこの常識に疑問を持った。それは、高校生のときに自分がアルバイトを探したときに不便を感じたのがきっかけだった。

街を歩いていると、飲食店などの店頭に「バイト募集中」という張り紙がある。しかし、そのバイト募集の情報は、ネットにはなかったりする。

広告費が出せなくて、サイトに掲載できない募集の情報が、実は世の中にはたくさんあるのだ。

従来の常識が顧客の満足につながっていないのであれば、それにとらわれないサービスを作る。そうして村上が考えたのが、「成功報酬型」という仕組みだった。企業は無料でアルバイトの募集広告を出し、実際に人が採用できた段階で初めて料金を払う。アルバイトを採用したい企業からすれば、ありがたい仕組みだろう。

従来は、人がとれなくても広告費がかかってしまっていたのだが、それが常識だとして受け入れる以外なかった。

広告の出稿に費用がかからないのであれば、これまで掲載を差し控えてきた企業も募集情報を出してくれるかもしれない。掲載されるアルバイト情報が増えれば、サイトの利用者も増え、良い循環が生まれる。

これはまさに、インターネットのテクノロジーが可能にしたことだった。紙のアルバイト情報誌を作るためには、印刷費や流通コスト、広告の制作費用などが必要になる。掲載する広告が増えれば増えるほど、それに比例してコストも増える。

インターネットでは、もちろんサーバー代などのコストはかかるが、少ない運営費用でどんどん掲載情報を増やせる。

ジョブセンスのサイトでは、企業の担当者が自ら募集に関する情報を入力するだけで、アルバイトの広告を作成することができる。こうして費用を抑えているのだ。

では、どうしてリブセンス以前に、このようなビジネスモデルのアルバイト情報サイトがなかったのか。それは、アルバイト情報サイトを、紙の媒体の新聞や雑誌をベースとして考えていたからではないか。

紙の媒体であれば、広告を出すのに費用がかかるのは当たり前だ。スペースも掲載期間も有限だからである。アルバイト情報の新聞や雑誌で成功した企業が、同じ発想でインターネットでもビジネスを展開していたため、常識が引き継がれてしまったのではないか。

とはいえ、リブセンスも初めからこの新しいビジネスモデルを採用していたわけではない。試行錯誤によって生み出したのである。

２００６年4月にジョブセンスがオープンしたときは、企業は無料で募集広告を掲載できるものの、求職者からの**「応募」**ごとに料金が発生するシステムだった。

その広告を見た人が応募すると、採用が決まらなくても企業はお金を払わなくてはならないというわけだ。

画期的な仕組みではあるが、これでは十分な集客はできなかった。端的にいえば、サービスがヒットしなかったのである。

ビジネスが思うようにいかないとき、経営者は悩み、考える。そうして、村上が出した答えは、**より「顧客を幸せにする」方向へと舵《かじ》を切る**ことだった。

広告を見た人からの「応募」ではなく、**「採用」**が決まらないと料金が発生しないという仕組みに変え、自分たちが収入を得るためのハードルを高くしたのだ。

だが、より多くの人を「幸せにしよう」という姿勢が、リブセンスの独自の斬新なサービスを生み出し、事業を大きく成長させることになる。

若者の間で支持を集めた「採用祝い金」

２０１２年１月５日にＮＨＫのニュース番組に登場した25歳の津南町議である桑原悠は、対談でこんな話をしていた。

「実は私も、アルバイト探しでジョブセンスのサイトにお世話になったことがあるんです。その会社の社長さんにお会いできるなんて」

桑原の世代の若者たちにとって、ジョブセンスはよく知られたサイトなのだ。テレビＣＭを打ったわけでも、新聞や雑誌の広告をたくさん出したわけでもない。だが、口コミによって、ユーザーの間でジョブセンスの認知度は着実に高まっていったのである。

若者の間でジョブセンスが口コミによって広まったのは、「採用祝い金」の存在が大きい。募集広告を見て、気に入ったアルバイトがあれば、応募して面接を受ける。採用になれば、リブセンスから最大２万円の祝い金がもらえる。これは、バイトを探している人にとってはうれしいはずだ。

ジョブセンスのホームページでは、祝い金についてこう説明している。

「**よくある質問　なぜ採用祝い金をもらえるのですか？**

なぜなら、たくさんの人に幸せを届けられるサービスでありたいからです」

お金がなくてバイトを探しているのに、バイト探しには交通費などの費用もかかる。それで生活が圧迫されては大変だ。リブセンスはこう考えたからこそ、採用祝い金を始めたという。

祝い金は「企業からいただいた広告費」の一部であり、ジョブセンスを利用してくれたユーザーのみなさんに還元することが目的だと、ホームページにはっきりと書いてある（http://j-sen.jp/info/iwaikin.htm）。

また、同じホームページによると、２０１１年に支払われた祝い金の総額は、１億円に近く、９６０７万６０００円だという（正社員採用の「ジョブセンスリンク」や派遣社員採用の「ジョブセンス派遣」を含む）。

本当に「顧客のためを考えている」証拠がまさにこの数字に表れている。祝い金など出さなければ、これだけの金額が、まるまる利益になったかもしれないのだ。

祝い金の金額は、企業が設定している成功報酬（採用単価）の額によって変わる。大急ぎで採用したい場合には、採用できたときに払う報酬を高くすることで、サイト上の目立つところに求人広告を掲載してもらえる。そうすれば、利用者の目につきやすくなるからだ。

また、採用が難しいような特殊な職種の場合も、同様に報酬を高くする。特殊な技能を持つ人を探すのが難しいのであれば、成功報酬を多めにはずんで、目立つスペースに広告を出すことが効果的だからだ。目立つスペースに出された広告を見て応募し、採用された人は、祝い金を多く受け取ることができる。

祝い金は、アルバイトを探す側にとってジョブセンスを利用するインセンティブになるのはもちろん、企業にとっても融通のきく仕組みなのだ。

祝い金を払うのは、採用した企業ではなく、リブセンスである。アルバイト情報サイトを運営している企業が自分たちの利益を減らしてでも祝い金を払うような仕組みは、これまでなかった。

言葉を換えれば、せっかく手にした利益を、すぐに顧客に還元してしまうような企業は、これまでになかったのである。

もちろん、採用祝い金を導入することによる効果は、きちんと考えられている。求人サイトは山のようにあり、利用者にとっては、多くの選択肢がある。その中で、採用が決まれば祝い金がもらえるというのは、大きなアピールポイントだ。実際に祝い

よくある質問
なぜ採用祝い金をもらえるのですか?
なぜなら
たくさんの人に幸せを届けられる
サービスでありたいからです。
「お金がなくてバイトを探しているのに、交通費など、
バイトを探すだけで生活が圧迫されるのは、大変だ…。」
私たちは、そう思いました。
だから、みなさんに幸せを届けられるようにと、
この「採用祝い金」という仕組みをはじめました。
採用祝い金は、「企業からいただいた広告費」の一部です。
ジョブセンスを利用してくれたおかげで出た収益を、
ユーザーのみなさんに還元しています。
みなさんへの、私たちからのささやかな「ありがとう」の気持ちです。
2011年の1年間に支払われた祝い金の総額
1年間で、これだけの金額を
ジョブセンスを利用してくれた皆さんに
祝い金としてお渡ししました。
※ジョブセンスリンク、ジョブセンス派遣含む
採用祝い金の総額
9607万6000円
ABC MART
COCO'S
有名企業多数掲載中!
こんな企業がジョブセンスを利用しています
みなさんも目にしたことがあるだろう、
名だたる有名企業も利用してくれているジョブセンス。
たくさんの企業から信頼を得ているサイトです。

ジョブセンスのホームページでは「採用祝い金」について説明している。
この祝い金は、「たくさんの人に幸せを届け」るためにあるのだという。

金をもらった人は、「こんなサイトがあるんだよ」と知り合いに話すだろう。

こうしてジョブセンスの知名度は上がり、アルバイトを求める人がたくさんサイトに訪れることになる。

企業側は、確実に採用ができることがわかると、さらにアルバイト広告を出す。求人が増えれば、利用者もまた増える。

こうした良い循環が、事業の成長を後押ししたのである。

100社以上の競合に真似されても負けない理由

人材を採用したい企業は無料で広告を出稿でき、採用のときに報酬を支払う。仕事を探している人は、採用が決まると祝い金がもらえる。リブセンスは、多くの顧客を獲得する。これは、それぞれが満足する〝三方よし〟である。

リブセンスが急成長すると、業界ではその名が知れ渡った。

と同時に、「成功報酬型」「採用祝い金」を真似た競合も現れた。

その数、100社以上。

中には、巨大資本を持つ企業が子会社を作って参入したケースもある。

だが、リブセンスはライバルに負けなかった。順調に売り上げと利益を伸ばしていったのである。

その理由を訊《たず》ねたところ、村上は、「ノウハウの蓄積」と「先行者利益」を挙げていた。

アルバイトを探している人は、まずインターネット上で検索サービスを利用する。「アルバイト」というキーワードのほか、仕事の内容や働きたい場所などで検索するだろう。

そこで重要になるのは、検索結果で上位になるための「**検索エンジン対策**（SEO）」である。リブセンスは自社でSEOに取り組んできたため、有用なノウハウを蓄積しているのである。常に検索で上位に表示できる技術を持っているのだ。

また、ジョブセンスのサイトの中での検索においても、「漫画喫茶」と入力した場合に「ネットカフェ」の求人も表示したり、希望の勤務地で求人がなかった場合に近隣の求人も表示したりするような工夫の積み重ねがある。

そして先行者利益とは、「成功報酬型」「採用祝い金」のアルバイト情報サイトとしてジョブセンスが定着していて、それが大きなアドバンテージになっているということとだ。

ジョブセンスを利用している企業が問題なくアルバイトを採用できていれば、そう簡単には乗り換えない。別のサイトを利用し始めるのにも手間がかかるからだ。

あとから同じビジネスモデルで追いかける側は、何か別のメリットを提供しなければ勝ち目がないのである。

そして、もうひとつリブセンスが勝ち続ける理由があると思う。

それは、**本当に「顧客の幸せ」を考えてビジネスを行ってきた**、ということだ。

100社以上もの競合が参入したということは、「学生ができるのだから簡単に真似できるだろう」といった思惑もあったのではないか。だが、実際には、簡単には真似できなかった。

なぜなら、リブセンスは、本気で「顧客を幸せにしたい」と考えていたからだ。採用祝い金を払う理由として、「たくさんの人に幸せを届けられるサービスでありたいからです」とホームページに明記する。こうした本気は、競合のサービスにはおそらくない。

やり方だけを真似しても、勝てないのである。

リブセンスは現在、アルバイト情報サイトのほか、正社員採用の「ジョブセンスリンク」、派遣社員採用の「ジョブセンス派遣」、賃貸不動産情報サイトの「ＤＯＯＲ賃貸」、中古車情報サイトの「Ｍｏｒｔｅｒｓ－ｎｅｔ」などを展開している。

２０１１年12月期では、求人情報メディアの売り上げの合計が全体の売り上げの88・６％、不動産情報メディアが８・２％を占めているという。

「文化となるウェブサービスを作る」

村上は、この目標に向かって、黙々と取り組んでいる。

文化というのは、当たり前のように存在する、空気のようなものだ。普段は意識することがないが、なくなったら困ってしまう。

そして、楽をして簡単に儲けることはできないのと同じように、楽をして文化を作ることはできない。たくさんの人が支持してくれなければ、文化とはいえないのである。

リブセンスは、人々が本当に支持してくれるサービスを模索している。

今はジョブセンスのビジネスモデルが注目を集めているが、これからおそらく、さまざまなアイディアを世に問うてくるだろう。

25歳の最年少上場社長から何かを学ぶためには、村上の出すアイディアの〝土台〟がどのようなものであるかを知ることが重要だ。

実際、業界の常識にとらわれないアイディアが出せたのには、彼らが「ビジネスの経験がない学生だったから」かもしれない。イノベーションとは、ときに部外者が起こすものだからである。

だが、村上の場合はそれだけではない。

「みんなを幸せにしたい」というビジネスモデルを作ろうと考えたバックグラウンドが、村上には必ずあるはずなのだ。

次の章では、まずは、そのバックグラウンドに迫っていきたい。

第2章

起業を決意した高校時代

上場してもブレない
25歳の社長の秘密

事業を始めて5年。学生時代にリブセンスを立ち上げて、25歳で上場経営者になってしまった村上太一。

上場によって彼は大きな成功を手に入れた。同年代ではまず手に入らない額の資産を手にしたにもかかわらず、村上にはまったくそんな雰囲気がない。

日本のＶＩＰが数多く住み、〝富の象徴〟ともいわれる六本木ヒルズに引っ越すことだって可能だったはずだ。ところが、彼が取った行動は逆だった。

上場が決まって、それまでよりも狭い部屋に引っ越したのである。

しかも、学生も住んでいるような、家賃も手ごろなマンションだ。

冷蔵庫はない。理由は、必要がないから、だという。

テレビはあるが、映らない。地デジ化に乗り遅れてしまったそうだ。

部屋には、ほぼベッドと机しかない。机では、パソコンを使って、会社とまったく同じように仕事ができるようになっている。

「趣味は仕事」なのである。

村上はこう語る。

「会社に近いところに引っ越したんです。高級マンションだとストレスがたまりそうです。8畳一間で十分ですよ」

上場経営者になっても、資産家になっても、自分が変わることがない。これまでと同じように暮らし、仕事をし、友達と酒を飲むときも安い居酒屋に行くという。どこにでもいそうな25歳のままでいるのである。

だが、村上が成し遂げたことといえば、「ごく普通の25歳」どころではない。

高校3年生のときに起業の準備を始め、大学1年生で創業。それから5年で会社を上場させた。とても普通の若者にできることではない。

だからこそ、村上が何を考え、どのように自分の事業に打ち込んできたのかを知ることは、多くの人にとって何かのヒントになるのではないかと思う。

スティーブ・ジョブズのような〝スーパースター〟の真似をするのは難しい。

だが、リブセンスの存在は、これから日本で起業しようという若者たちにとって、手を伸ばせば届くかもしれない〝希望の星〟になりうるかもしれない。

村上とリブセンスのバックグラウンドを知るために、まずは彼の高校時代の話から始めてみよう。

「生きる意味」を自らに問いかけた高校生

高校時代の3年間は、村上にとって、極めて貴重な時間となった。

2年生のころまでは、まだはっきりとは起業する決意を固めていなかった。

それが、あるとき自分の中で何かが変わったという。

村上は3年生になってから起業の準備を始め、そのおかげもあって、大学1年生でのリブセンスの立ち上げに成功するのである。

いったい彼の中でどんな変化があったのだろう、そして、どうしてそんな高校生活を送ることができたのだろうか。

村上は語る。

「高校2年生のころ、こんなことを考えた時期があったんです。**自分はどうして生きているんだろう**、死んだらどうなるんだろう、と。何かきっかけがあったわけではないんですけど（笑）」

〝生きる意味〟を求めて悶々《もんもん》とする。その年頃ならではの悩みかもしれない。

もちろん、悩んでも答えは出なかったが、この体験は彼を確実に変える。

自分の立ち上げた会社に「リブセンス」という名前を付けたことからもそれはわかる。ＬＩＶＥ ＳＥＮＳＥとは、ＬＩＶＥ＝生きる　ＳＥＮＳＥ＝意味　であり、直訳すれば「**生きる意味**」なのだ。

村上が早稲田大学の付属である早稲田高等学院に進学したのは２００１年のことだ。上場のちょうど10年前になる。

自由な雰囲気を持ったこの高校に、村上はかなりフィットした。一学年約６００人。卒業後は早稲田大学に入ることがほぼ決まっており、大学受験のための勉強をする必要がないため、ある意味、誰もが自由を謳歌しているようなムードがあったという。

「〝自由〟は高校の中でキーワードだったと思います。学校もそれを強調していたところがある。入試の論文のテーマが〝自由〟だったり、先生から〝自由には責任がともなう〟ということを聞いて考えさせられたりしたこともあったり。なかなか面白かったですね」

だが、何より村上が気に入ったのは、個性的な同級生たちだった。

「刺激的な人が多かった。勉強はもちろんそれなりにできたんだと思いますが、スポーツ好き、音楽好き、マージャン好きもいれば、アルバイトばかりしていた同級生もいましたし、部活に一生懸命な人もいた。みんなものすごく個性的でしたね」

男子校である。思春期の男ばかりが初めて集った入学式直後の教室は、シーンと静まりかえっていた。中には、まわりからのコミュニケーションを拒否してヘッドフォンで音楽を聴いていた強者もいたという。

そんな中で村上は、**あのニコニコ顔で、さわやかに周囲に声をかけていた**。

どうも彼は昔から無意識のうちにニコニコ顔になってしまうらしい。

「どこ出身ですか、とか声をかけて、徐々に打ち解けていきました。同級生とは、すぐに仲良くなりましたね」

興味深いのは、村上がクラスの中で自分の〝ポジショニング〟を一切考えなかったという点だ。私は、かつて取材で、今の高校生たちが、集団の中で自分にふさわしいポジションを見つけようとして苦労しているという話を聞いていた。

空気を読み、自分をまわりに馴染ませようとするのだが、これがなかなかうまくいかない。失敗して不登校になったり、退学したりする生徒も中にはいる。

ところが、村上にはそういうところがまったくなかったようである。

「まわりと自分を比較するという概念がそもそもなかったです。学校でも、みんなそれぞれカラーがあって、それが尊重されていました。勉強ができるかどうかも関係がない。フラットなんです。これはとても心地が良かった」

この高校では、クラスで1人か2人が、留学や成績不振などの理由で留年していた。そうすると、ひとつ下のクラスに入ることになるわけだが、そうした留年者も尊重されている雰囲気があった。

「留年者もすぐになじんでしまう。そういう校風なんです」

こうした自由な学校で、村上は起業への関心を深めていく。

テニス部で1年間球拾い。理不尽な先輩の命令に耐える

村上は高校でテニス部に入り、その活動に打ち込んだ。実は村上の父親は、高校時代にインターハイでベスト8、国体で準優勝するほどのテニスプレーヤーだった。テニスをやることは憧《あこが》れだった。

だが、これが、強烈な部であることがわかる。

「テニス部というのは、人数が多すぎると成り立たないクラブなんです。ところが、

人気があって毎年たくさんの入部希望者がやってくる。私のときも100人くらいの希望者がいたと思います。だから、入部説明会で先輩たちがいきなりガツンとやるんです。キレキャラの先輩が、突然キレる。テニス部がどんなに大変な部なのか、トツトツと説明するんです。ナメて入って来るなよ、1年目はランニングと球拾いしかできないぞ、と」

冗談かと思ったら、本当だった。

仮入部期間の1カ月はひたすら走った。このランニングをやらないと入部が許されないのだ。仮入部期間に走りすぎて疲労骨折になってしまった仲間もいた。

だが、村上はこの試練に耐えた。

「中学のときも野球部で毎日走っていましたし、根性だけは負けないと思っていました。先頭のほうでずっと走っていたら、お前は見所がある、なんて先輩にいわれて目立ってしまいました」

正式に入部した後も、新入生の人数を減らすために、走り続けさせられた。ラケットでボールを打つどころではない。とにかく毎日、ひたすら走り続けることを命じられる。

ひとり、またひとりと脱落していった。

「顧問の先生はいるんですが、一切関与はしないんです。そこも自由なんですね。生徒たちを信用して、運営はすべて委ねられている」

球拾いは1年間続いた。ただ、朝と昼は自由な時間があり、練習することができた。村上は中学では野球部だったが、軟式から転身した生徒もいて、それほどハンディは感じなかったという。

「毎朝7時には学校に着いていました。そうしないと朝の練習ができないからです。通学時間が1時間ちょっとありましたから、6時前には家を出ないといけない。起きるのは毎朝5時です。これを3年生で引退するまで続けました」

ランニングと球拾いの試練に耐えたのは、同級生で10人。この結束は強かった。自信にもなった。

だが、厳しさはクラブ内だけではなかった。

「後でわかったんですが、学校ではテニス部の厳しさは有名だったんです。そもそも校内をうかつに歩けない。先輩に会ったら、どんなに遠くでも走って行って挨拶《あいさつ》しないといけないんです。食堂なんて行ったら大変なことになりますよ。たくさん先輩がいますから。キョロキョロを見回して、あっちに走っては挨拶、こっちに走っては挨拶です」

もし、先輩に挨拶をしないと、これまた走らされる。体育会ならではの不条理な命令だ。

起業家の中には鼻っ柱の強い人も多い。中には、こうした理不尽な命令にはどうしても従えないという人も少なくなかったかもしれない。

だが、村上は、素直に耐えた。

「ルールが決まっているわけですから。それにいくら反発しても仕方がありません。ルールの中で最大限がんばるしかない。そう決まっているのであれば、いくら理不尽であってもやり抜きます。たとえ、ムカムカしても、投げ出したくないですから」

ただ、3年になり、村上が部長になると、この挨拶の慣行は廃止した。理由は、理不尽だから、である。

放任主義の教育がビジネスへの興味を育てた

勉強についても、興味深い話を聞いた。部活の忙しさもあり、普段はそれほど勉強をしなかったという。その代わり、定期試験の2週間前から猛烈に勉強したというのである。これは中学校のときから続けているスタイルだったそうだ。

試験の2週間前になると、村上は生活を一変させ、試験の準備をするのである。必要なことをすべて洗い出し、2週間にわたって綿密にスケジュールを組んで、それをやり遂げる。それぞれの科目の難易度や勉強のために必要な時間を見極めて、何にどのくらいの時間をかけるのかを決め、それを実行していくのだ。

これで中学でも高校でも良い成績を残していたという。起業には段取り力は欠かせないが、10代のころから村上の段取りの良さは相当なものだったようである。

そしてこの段取りの良さは、そのまま後に書く高校の文化祭での仕切りや、起業にも生かされていく。やり方は、基本的に試験勉強と同じだったと村上は語っている。

こうした勉強方法をとる村上に対して、両親は、ああしろ、こうしろ、と指図することはなかった。

「中学時代からそうでしたが、親に何かいわれることはほとんどなかったですね。受験についても、こうしたいと伝えると、ああそうか、頑張《がんば》って、というだけ」

そのおかげで、村上は伸び伸びと育った。だが放任主義によって事件も起きている。

「中学時代はまわりと比べて身体が大きかったので、ケンカに巻き込まれて学校に呼び出しをされるようなこともあったんです。高校ではそういうことはありませんでしたが」

中学校に呼び出された後、親に事情を聞かれ「自分は悪くない」と答えた。ところが、実際には自分にも非はあった。それでも、親に「わかった。信じるよ」といわれ、心が苦しくなった。そんなことをよく覚えている。

「そのとき、ウソをつくのはやめよう、と思ったんです。もう人にウソをつきたくないと」

この思いは、後に作られるリブセンスの理念にもつながっていく。

相手を騙してでも、自分の利益につながることをする。そういう生き方ではなく、正しい生き方こそするべきではないか、ということだ。相手を幸せにできるような、人に求められるような生き方をしなければならない、と。

こうして親子の信頼関係は、はぐくまれていった。だが、子どもの教育というのは、やはり簡単ではない。というのも、村上は小さいころあまり本を読まなかったのだそうだ。理由ははっきりしていた。

「読めといわれたからですね（笑）。母は読書家で、図書館に行ってはたくさん本を借りてきて読んでいました。だから、ずっと本を読めといわれていたんですが、そういわれると反抗したくなるんです。結局、ほとんど読まなかった」

本を読み始めるのは、ようやく高校に入ってからだ。とりわけ、ビジネスや起業に関する本を読むようになった。

そのころは、足が自然と図書館へ向かった。早稲田高等学院には、日本有数の蔵書数を誇る図書館がある。読みたい本があると、リクエストを出せばどんどん買ってもらえた。

「テレビの経済番組を書籍にしたものを読んでいました。『ガイアの夜明け』や『プロジェクトX』の書籍版です。どんな人が、どんなふうに事業を立ち上げ、商品を作ったのかが面白かった」

大塚製薬のポカリスエットの開発ストーリーや、ＪＲの駅ナカビジネスなど、印象に残って今でも覚えているものも少なくない。

後に詳しく書くが、こうした経済番組は、子どものころから見ていたという。息子がビジネスに興味があると気づいた母親が、一緒に見ようと誘ったのである。これには村上も素直に従った。

「どうして面白いと思ったのか理由はわからないんです。でも、読んでいるとワクワクしてくる。開発ストーリーを知って自分でもやってみたいと思うかどうかは人それぞれですが、たまたま僕はやってみたいと思うタイプだった」

ここで興味深いのが、村上のテレビの見方だ。〝**当事者意識**〟を持ちながら、経済番組を見たり、プロジェクトストーリーを読んでいたというのである。

「テレビも本も、自分だったらこうするのになと思いながら、見たり読んだりしていました」

だからこそ、あたかもそこに自分がいるかのようにいつも考えることができた。これが、ビジネスへの興味をよりいっそう高めていったというのである。

面白いことに、当事者意識を持ってしまうのは、スポーツ番組でも同じだという。

「テレビを見ていてものすごく感情移入することがあります。ほかの人と見方が違うのかもしれない。例えば、**箱根駅伝で走っている選手を見ているだけで泣けてくる。**どんな思いで練習をやってきたのか、とか想像しちゃうんですね」

本に答えを求めず、自分の頭で考え続ける

村上は、どうして自分の会社を立ち上げ、経営してみようと思うようになったのか。先にも書いたが、実は、はっきりとしたきっかけはないのだという。

両祖父が経営者だったこともある。会社の経営というものが、すぐ身近にあったのだ。また、母親に勧められて見た経済番組でビジネスの面白さを知ったことも大きい。だが、決定的な要因があるのかといえば、ないというのである。

もっといえば、すでに中学時代から、ぼんやりとではあるが、自分でビジネスをできないか、という考えが頭の中には浮かんでいたという。

「中学の卒業式のとき、学年でトップを争っていた友達と、いつか会社をやりたいね、なんて話を別れ際にしたことを覚えているんです」

後に詳しく書くが、高校2年生のとき、いつか役に立つだろうと、簿記やシステムアドミニストレータの資格試験に挑んでいる。だが、このときはまだ、はっきりと会社を立ち上げようとは決めていなかったようである。

村上から話を聞いて、創業する決意が芽生えたのはこのときではないか、と思い浮かぶのは、高校2年生のときの「自分はどうして生きているんだろう」と自問自答した経験だ。

生きる意味と、死んだらどうなるのかを、高校生がひたすら自分で考えた。答えは出るはずもなかった。だが、考えたことで自分の中で何が変わったのだ。

「結論は出ませんでした。ただ、なんとなくわかったのは、死ぬのは怖いし、生き続けるしかない、ということです」

ここで村上は面白いことをいっていた。先に、子どものころは本を読んでいなかったと書いたが、高校に入るまで本をほとんど読んでいなかったことが、もしかすると結果的にプラスに働いたかもしれない、というのだ。

「どうして生きるのかを、本に求めていたら、どうなっていたか。もし本を読んで、そこに書かれていた答えをあっさり受け入れてしまったとしたら……。自分で考え、自分で結論を出そうとすることを、やめてしまっていたかもしれない」

何もないところから考えることに大きな意味があったと村上はいう。

「偉い人の本に、こうだよと書いてあったら、そうなんだと思って、おしまいかもしれない。人間って、そういうところがある。でも、私はそうしなかった。おかげで、自分で考えようとしたんです」

あくまで自分の頭で考える。「これはどういうことなのか」と疑ってかかる。いわれていることを鵜呑みにしない。村上のこうした習慣は、本をあまり読まなかったことで得られたのかもしれないというのだ。

「でも、本を読んでいても、鵜呑みにしない人はいますから、**大事なのは本との向き合い方なのかもしれません**。今は本を読んでいますが、自分の頭で考えることを忘れないようにしています」

本を読むな、ということではない。本との向き合い方が大切なのだ。

村上は現在、相当な読書家だ。インタビューしていても、さまざまな本の話が出てくる。高校時代から本を読み始め、今では仕事に役に立ちそうなものは、片っ端から読んでいるような印象だ。自分のアンテナに引っかかった本は、ジャンルを問わず読むという。

「サッカー日本代表の長谷部誠選手の『心を整える。』はとても感銘を受けました。私も自分を振り返る時間を作り、アロマを愛用したりしています。ほかに、経営者や起業家の本は、とても参考になりました。サイバーエージェントの藤田晋社長の『渋谷ではたらく社長の告白』は、一緒に創業した仲間全員に読ませました。これがベンチャーだぞ、って知ってもらいたかったからです」

「起業なんて無理だ」といわれなかった

高校の図書館で借りたビジネスのプロジェクトストーリーを読んでワクワクした村

上はやがて、自分でもやってみようと思うようになっていく。村上にとって幸運だったのは、夢中になることを積極的にやらせてくれる家庭環境だったことだ。そのおかげで、「何だって自分にもできるんだ」という自信を持つことができたという。

「ある程度のことはやろうと思ったらできる。子どものころからの日常の小さな成功体験を繰り返したことで、そういう自信が得られました。だから、自分で事業や会社を興すこともできるんじゃないかな、と当たり前のように考えるようになったんです。会社に勤めるのもいいけれど、自分で立ち上げたらどうなるか、やってみたい。これまでも自分が好きなことをできたんだから、起業だってできるだろう。ひとつひとつは小さくても、成功体験の積み重ねで得られた自信は大きかったと思います」

村上の関心がビジネスや経営に向かっていることを両親はよくわかっていた。そのため、後にも詳しく書くが、両親は彼を支援し続けてくれた。

驚くべきは、そのサポートの内容が普通ではなかったことだ。ビジネス雑誌を渡すくらいなら想像がつくが、両親の提案は村上すらびっくりするものだった。

株式取引を勧めたのである。

「インターネットトレードですね。単元株ではなく、その10分の1でできるミニ株という取引でした。〇〇社を何株買いたい、と両親に伝えて取引してもらいました」

村上が高校2年のときだ。銘柄などもさっぱりわからない。とにかく安いから買ってみたら、翌日いきなりストップ高になり、驚いてしまった。

「本当にたまたまだったんです。聞いたことがなかった会社でした。こんなふうにしてお金が増えていくんだ、とびっくりしました」

ちょうどタイミングも良かった。日本は小泉政権下で構造改革ムードが広がり、日経平均株価がじわじわと上昇している時期だった。

「一度うまくいくと関心を持ちますよね。株式関連の雑誌や、『日経ビジネス』などの経済誌を自分で買ったりもしました。会社四季報を読んで、会社の名前もずいぶん覚えました。株の初心者は自分が身近でいいと感じた商品などをきっかけに買えばいい、なんていわれていますよね。それを試してみたり」

1年ほど取引は続いたという。運用成果は上々だった。

「日経平均株価が全体で上がっている時期でしたから、相場が良かったんです。始めるタイミングが重要なんだなって後で気づきました」

株取引はそれなりにうまくいったが、最終的には興味は持てなかった。

「のめり込むものではないな、と思いました。自分の想像を超えた動きをするので、読めない世界ですよね」

もうひとつ、村上の心を捉《とら》えなかった理由があった。**自分が株取引をしていても、世の中で誰かが喜んでくれているのか、まるで実感できなかったことだ。**どう役に立っているのか、イメージできなかったのである。

「それまで商品開発などのプロジェクトストーリーをたくさん見たり読んだりしてきて思ったのは、**ビジネスの一番の魅力は世の中の課題を解決できることではないか、**ということでした。不便だと思うものを解決するのがビジネスの基本だと。そこには〝納得感〟があったんです。でも、株式取引には、それがなかったんですよね。だから、自分が〝納得感〟を持てるものは何だろう、と探すようになったんです」

こうして村上は、起業への思いを強くしていくのだ。

早稲田高等学院に入学すれば、早稲田大学への進学はほとんど保証されている。となれば、一流企業への就職も夢ではない。

学生に人気のある就職先は、公務員や大企業などだ。つまり、安定志向が強い。

実はそれは、親が望んでいることでもある。

ところが、村上の両親はそんなことをまったく望まなかった。

「一流企業なんかよりも、好きな道に行きなさい、好きなことをしなさい、という考え方でした」

高校時代に、自分で会社をやってみたいと言葉にしたこともあった。気持ちはまだ半々くらいだったときだ。しかし、誰からも、「そんなことは無理だ」といわれなかったという。父親のコメントも、「ああそうか」という一言だった。

「会社を実際に作るときも、無理だからやめろ、とは誰にもいわれませんでした」

事実、それは無理ではなかった。それどころか、村上は起業から5年でまっすぐ上場を果たすのである。

簿記とシスアドの資格を高校2年生で取得

毎朝5時に起き、7時からテニスの練習をし、学校が終わった後もクラブ活動。もちろん昼間は授業だ。そんな慌ただしい中でも、村上は行動を起こしている。

まだはっきりと起業すると決めたわけではないが、同じ興味のある仲間を探すようになっていた。ビジネスや経営について話をするクラスメートがいないか、いつもアンテナを立てていたのである。

「中学のときもそうでしたが、こいつはすごい、こいつにはかなわない、と思える人間が絶対にいたんですよね。できれば、そういう人間と一緒にやりたい、と思っていました。勉強の面でもそうですけど、自分にないものを持っている人に興味があった」

また、いずれ必要になるに違いない、と簿記の資格取得にもチャレンジした。高校2年生のときである。

「どうもビジネスには簿記をやっておくといいらしい、と仲間が情報を仕入れてきてくれたんです。母はかつて会計事務所に勤めていましたから、聞いてみたら、本当に役に立ちそうだった。勉強は独学でやりました。ビジネスに関する言葉がたくさん出てきて、面白かったですね」

システムアドミニストレータの資格も取得した。これも勉強は独学だった。

「コンピュータの基礎的な内容でしたので、やっておいてもいいんじゃないか、と。合格率を調べたら、頑張れば受かりそうな資格でした」

とはいえ、商業高校でも情報系の高校でもない学校の生徒が、簿記やシステムアドミニストレータの資格を取得するのは、珍しいことだろう。

そんな中、起業への興味をいっそう駆り立てたのが、別の同級生の影響だった。村上が高校3年のとき、イギリスに留学していた1歳上のある生徒がクラスに編入してきたのである。

「変わった人だなぁというのが第一印象でした。でも、思い切って話しかけてみたら、すごく面白かったんです」

彼の父親は貿易商社を経営しており、本人は高校生ながらビジネスに関心があった。株取引にも詳しく、まだ携帯電話事業を始める前のソフトバンクの株を買うべきだと話してくれたこともあったという。

「お父さんが経営者だからなのか、留学経験があるからなのか、型にとらわれない感じがすごくしましたね。いい意味でズレているというか。それがすごく面白いと思ったんです。しかも、行動力もあって」

村上はそのクラスメートを起業仲間に引き入れた。これも、大学受験のない高校だったからできたのかもしれない。受験が控えていたら、それどころではないからだ。

こうしてビジネスに関心を持っている仲間を束ね、村上は大学1年生での起業へと突き進んでいくのである。

「2年生までは部活が忙しかったこともあって、本を読んだり、資格を取ったりした程度でした。本格的に動き出したのは、やはり3年生からです」

その3年生のとき、もうひとつ転機があった。それが、高校の文化祭である。

文化祭実行委員として100人ものスタッフを動かす

テニス部の活動が落ち着いた3年生の夏の初めごろ、起業仲間のあいだでは、ベンチャーならITだろうというぼんやりとしたイメージがあった。コンピュータに当たり前のように親しんできた世代だけに、ごく普通の感覚だったのかもしれない。だが、この時点ではまだ具体的な起業のアイディアは出てきていなかった。

村上はここから少しずつ起業準備を始めるのだが、実行委員を務めた秋の文化祭で重要な経験をする。

早稲田高等学院の文化祭は、2日間で1万5000人ほどの来場者がやってくる。都内でも屈指の規模だ。学院への入学を目指す中学生やその親はもちろん、学院の男子生徒との出会いを目的にした女子高校生も訪れる。

クラスやクラブの催し物、露天のほか、メインステージではさまざまなイベントが企画される。ポスターやパンフレットも作り、PRも盛んに行われる。数百万円規模の予算があり、運営はすべて高校生たちに委ねられている。

その実行委員が集まる本部のスタッフに、村上は加わっていた。

本部は3年生10人ほどで構成される。もちろん、これだけの人数で大きなイベントを仕切ることはできない。そこで1年生や2年生からも実行委員を募り、総勢で100人程度の組織ができる。村上は、文化祭好きのクラスメートに誘われ、1年生のときも2年生のときもこの実行委員に加わっていた。

そして3年生になって、本部の中枢メンバーの一員になったのである。

「どこでどんな出し物をするか、露天で火を使うのかなどを管理したり、規定を作ったり、先生と交渉したりします。メインステージを作り、出し物の企画を考え、キャスティングを決めて、タイムテーブルを作り、当日にスタッフが何をやらなければいけないのかをすべて洗い出して、そのための段取りを組む。音響や照明など外部の業者とも交渉しなければなりません。準備期間は約3カ月。やることは山のようにありました」

企画を考える部隊はいつまでに何を決めるのか、舞台の設営はどのタイミングで始めるのか、ステージに上る生徒の練習はどのようにするか……。それらをすべてピックアップし、進捗《しんちょく》状況を管理し、遅れているところをサポートする。すべての動きを把握しながら、文化祭を成功に導く。

実はこの経験が、後の起業で大きく生きることになった。

「はっきりと完成イメージを持って、それぞれの役割を持つリーダーたちを動かしていく。進捗の一覧表を作って、スケジュール管理を徹底する。もちろん、中には思い通りに動いてくれない人もいる。そういう場合は**信頼関係**が重要になることも学びました」

信頼してもらうにはどうすればいいか。こちらはお願いされたことを確実にやり、任せても大丈夫だと思ってもらうことだ。また、こいつは敵に回さないほうがいい、と思わせることも大事だと感じた。

「こんな問題がある」とグダグダいっている人がいたら、やるべきことをあっという間に村上が片付けてしまうのだ。

「前日の夜に何か問題があるといわれたら、翌朝、〝やっておいたから〟とパッと手渡す。そうすると、本人も驚きますけど、まわりも驚くんですよね。そんなことを意識したりしました」

こうして村上はその段取りの良さを存分に発揮した。そして、相手の立場に立って考え、行動することで、信頼を集めることができたというのである。

文化祭は大成功に終わった。そして村上のプロジェクトマネジメントは、仲間たちから高い評価を得た。

アルバイト探しで自分が感じた〝不便さ〟をヒントに

文化祭が終わり、冬が始まるころ、村上は本格的に起業を考えるようになった。どのようなビジネスにチャレンジするのかも、おぼろげながらアイディアがまとまりつつあった。

起業の資金が潤沢にあるとはとても思えなかった。となれば、できるだけ少ない資金で起業する方法を考えるしかない。インターネットを使うことだけは早い段階で決めていた。

では、インターネットで何をやるのか。ここで大きなヒントになったのが、テニス部を引退した夏に経験したアルバイトだった。

村上は、当事者ならではの〝**不便さ**〟を実感するのである。

「少しでも起業の資金を貯めたいと思い、テニス部を引退してから初めてアルバイトを探したんですが、自分の希望に合う仕事を見つけるのが大変だったんです。自宅にできるだけ近い場所で、夏休みの2カ月間だけ働きたかったんですが、情報誌を見ても、ネットサイトを見ても、そういう条件の求人はなかなか見つからなかった」

このとき、村上はあることに気が付いた。繁華街を歩いていると、店頭に「アルバイト募集」と書かれた紙が張り出されていたりする。ところが、同じ情報が雑誌広告やネットには出ていなかったりするのだ。

結局、自宅近くの繁華街の「はなまるうどん」でアルバイトをすることになった。セルフの讃岐うどん店だ。

「時給も悪くなかったし、雰囲気も良かったのでここに決めたんですが、かなり探したんです。もっと簡単に見つける方法はなかったのかな、と感じました。単純に思ったのは、店頭に張り出されているアルバイト募集の情報を、ネットに出しておいてくれればいいのに、ということです。そうすれば情報が多くなって、探す人にはありがたいじゃないですか」

店としても、張り紙だけでなく、ネット上に求人の広告を出したほうが、人が集めやすくなる。だが、そのためには広告費が必要だ。

「アルバイトしているときに店長に聞いてみたら、ネット上に広告を1回掲載するのに10万円かかったそうです。それで採用したのは、私ひとり。ひょっとして、これってとても効率が悪いんじゃないかと思いました」

どんなルートでアルバイトの応募者が来るのかも聞いてみた。すると、やはり張り紙よりも求人広告を出したほうが応募が多いという。

「このときの不便さをずっと覚えていました。自分も満足できなかったし、広告を出したお店も満足しているようには思えなかった。不便を解決するのがビジネスだと思っていましたから、これを解決すればいいんじゃないかと考えるようになっていったんです」

どうすれば理想のアルバイト求人ができるのか。どうすれば探す側にとって便利になるか。これが後に、ジョブセンス起業の原点になっていく。

リブセンスを上場に導いた主力事業は、高校生が思いついたアイディアがもとになっているのである。

別の高校のプログラマーをスカウトする

ITを利用したビジネスでの起業を考えていた村上だが、自分でシステムのプログラムを組んだりする技術は持っていなかった。小学校時代にパソコンを買ってもらい、慣れ親しんでいたが、プログラミングにはまったく関心が持てなかった。

「姉がコンピュータ系の学校に通っていたこともあって、パソコンに詳しくなりました。『ネットランナー』などの雑誌も家にありました。姉に教わってパソコンの自作もしていました。自作のほうが安上がりだったからです。しかも、簡単に作れる」

ただ、ITでビジネスをするのに必要なエンジニアのスキルまではないことは認識していた。

「だから、プログラミングができる人を探しました。文化祭で出会ったITに詳しい同級生に、知り合いに誰かいい人はいないかと聞いてみたんです。すると、学校は違うけど自分よりはるかに詳しいのがいると教えてくれて」

メールアドレスを聞いて、高田馬場で待ち合わせをした。それが、創業メンバーのひとりで、今でもリブセンスのエンジニアとして活躍している吉田健太郎《よしだけんたろう》である。

「最初の印象は、**変わってるなぁ**、でした（笑）。時間ありますか、ビリヤードでもやりましょうか、と突然いわれて。高田馬場の山水ビリヤードで何ゲームかした後、大戸屋でご飯を食べながら、起業の話をしたんです」

村上は吉田の実力をすでに調べてあった。過去に作っていたものなどの実績を聞いていたのだ。PHP言語を使い、デザインもできて、サーバー関連の知識もあった。ある高校の人気掲示板を作ったこともあった。この人物なら、と村上は思っていた。

吉田は、東京工科大学への進学がすでに決まっていた。

「会社をやろうと思っているんだけど、一緒にやらないか、と単刀直入に誘いました。そうしたら、うん、いいよ、と」

吉田に対する印象はとても良く、一緒にやっていけると確信した。

一方、吉田の村上に対する第一印象は、「とにかく好青年」だったそうだ。

高校3年の2月。この時点でメンバーは吉田を入れて4人になっていた。

村上はこのころ、経済産業省もサポートしていた企業支援総合ポータルサイトの「ドリームゲート」のイベントに参加している。観客として話を聞くだけだったが、まわりは大人ばかり。間違いなく最年少の参加者だった。

「このとき、アンケートで、参加者がどんな起業を考えているのかを書く欄があったんです。そこに、〝人材関連〟と書いたのを覚えています」

そしてもうひとつ、この時点で村上は、起業のために決めたことがある。大学の学部選択である。

起業するために
政治経済学部への進学を選ぶ

早稲田高等学院から早稲田大学へ進学する際には、学部を自分で選択する。もちろん、成績なども考慮されるため、必ずしも自分の行きたい学部に行けるとは限らない。

村上は小学校のころから算数が得意で、当初は理系に進むつもりでいた。だが、もし大学で理系に進んだら、勉強の面で相当ハードな学生生活になることが予想された。

「実験もあればゼミもあって、たくさんのレポートを提出しなければならないことがわかっていました。本当に会社をやりたいのであれば、理系に行くのは無理だと思ったんです。それで、文系にシフトすることにしました」

経営の実践的な学問を学ぶとすれば、早稲田大学の商学部に進むのが順当のように思われる。だが村上はあえてそこではなく、政治経済学部を選んだ。

「面白そうな人がいそうな学部だと思ったんです。単なるイメージですけど。大学でもいろんな刺激がほしいと思っていました」

単位取得にあたって出席が厳しくないということも考慮した。このあたりは、起業に向かうに当たっての時間の使い方を冷静に計算している。来るべき状況をしっかり見据《みす》えていたのだ。

高校卒業を控え、村上は起業という目標を明確に設定している。先にも書いたように、自分ならできるという自信が当たり前のようにそうさせたのだ。そしてもうひとつ、〝戦い方〟〝勝ち方〟を見つけられるようになったことが大きい。

「中学でも高校でも、勉強やスポーツで、かなわない人がいました。私は負けず嫌いなので、〝人に勝てないことがある〟ということについて、自分の中で消化しきれていたわけではありません。でも、受け入れるしかないですよね。ただ、何かひとつで勝てなかったとしても、総合力なら勝てるかもしれないな、と思うようになったんです。それは、文化祭の運営をうまくやれたことが大きな自信になりました」

村上は自分を冷静に見ていた。自信を持ちながらも、過剰にはならなかった。**〝適度な劣等感〟**を持ったことで、むしろ自分の強みを理解し、自信も手に入れたのだ。

「自分が完璧だと思っていると、挫折したときに相当なダメージを受けてしまうでしょう。負けるところは負ける、というふうに思っているんです。もちろん負けることがいいこととは思わない。でも、適度なあきらめは持っている」

実際、どんなに勉強ができる人でも、何か別のところでコンプレックスを持っていたりするものだ。ポイントごとに勝ち負けを気にするよりも、総合力で勝負しようと切り替えることに村上は成功したのである。

高校時代までの話を聞けば、村上の持ち味として、コミュニケーションや段取りの良さ、人に信頼されるところ、決してあきらめない精神力が挙げられるだろう。

それらが総合的に生かせるのが、実は会社の経営だったのだ。

そして、起業を目指す村上の背中を強烈に押したものがあった。

それは、母親が切り抜いてクリッピングしていた1枚の新聞記事だった。

決意を固めるのに十分な〝チャンス〟が、そこに記されていた。

第3章

ベンチャーキャピタルはすべて断る

大学入学時には事業計画書を作っていた

村上が高校の卒業を控えていた2005年2月、朝日新聞にひとつの記事が出た。早稲田大学でベンチャーコンテストが開かれ、優勝者にはオフィスが1年間無償で貸与されるという内容だった。

この記事を目に留めたのは村上の母親である。

「ありがたいことなんですが、**母親が新聞や雑誌の気になる記事をクリッピングして、それをトイレの壁のコルクボードに画鋲《がびょう》で貼ってくれていました**」

起業を支えた立役者として真っ先に上げなければいけないのは、もしかすると村上の母親かもしれない。それくらい、この記事は村上にインパクトを与えている。

「パッと見て、学校内のオフィスを1年間無料で借りて起業するというストーリーが頭に浮かびました。この記事の存在は本当に大きかった」

コンテストに応募する条件は、大和証券グループ本社の寄付講座である「ベンチャー起業家養成基礎講座」を受講すること。半期の講座の最後にビジネスプラン発表会があり、最優秀賞者にはオフィスが1年間無料で貸し出される。

「入学してすぐにシラバスで確認しました。講座の定員は40名。受講希望者が多ければ審査になります。競争率が高くなると予想して、申し込みの書類から重要になると思いました。実際、エントリーは200ほどあったようです」

講座の志望理由をしっかりと書くのはもちろん、大学1年で起業したい、すでにビジネスプランもあると記しておいた。

村上はこのとき、すでにアルバイト情報サイトの事業計画を立てていたのである。

このときに考えたビジネスモデルは、今のジョブセンスとは違っている。

「アルバイトの仕事を探している人が、自分の希望する勤務地や働ける期間などを入力し、匿名で条件を登録するという仕組みでした。採用したい企業側は、その応募者のストックの中から選んで、いい人がいたらメールを送る。その時点で、成功報酬として手数料が発生するんです」

自分がアルバイト探しで感じた不便と、採用する企業の不満を解消するシステムである。

村上がこの講座を受ける前に事業計画を立てていたのには理由がある。高校卒業前に知人を介して知り合ったある人物に、事業計画書を作るようアドバイスを受けていたのだ。舞台美術を手がけていた50代のアーチストで、自らも会社を経営している。

「その方に会ったとき、私は、サラリーマンになる気はありません、といったそうです。はっきりとは覚えていないんですけど（笑）。事業計画を立ててみなさいというアドバイスを受けて、ビジネスモデルを練り、売り上げ計画まで作ってみました。これは、なかなか面白い経験でした」

村上は、このビジネスモデルでベンチャーコンテストに出て、優勝することを考えていた。何よりもオフィスが1年間無料で借りられることが最大の魅力だった。

そして、**コンテストで優勝するために、さまざまな手を打っていくのである。**

ビジネスが中心の大学生活を送れるよう準備をする

1年生のときに起業するつもりだった村上だが、一方でテニスサークルにも入っている。

「目的は人でした。せっかく大学に入ったんですから、交流を広げたかったんです。新しい起業仲間に出会えるかもしれないとも思いました」

授業も1年目の前期は、出ていた。

「どんな授業でも、きっと意味があると思えば意味があるだろうと思って、まじめに受けていました。でも、途中からやっぱり意味がないなぁ、と思ってしまって（笑）。だから、後期からはあまり行かないようにしようと決めました」

授業で出会った友人を起業仲間にスカウトしたりもしている。

「実は、私がスカウトした人にＯＫがもらえる〝コンバージョン率〟ってけっこう高いんです。この人だ、と思ったら、意外に息が合ったりする。できそうな人にしか声をかけていないのかもしれません。やろうよ、といったら、手伝ってもらえたことは少なくなかったですね」

とりわけ、高校が同じだった人には、自分の評判が良かった。

「高校では、私の名前を知っている人が少なくなかったんです。というのも、高校のテストのときに出回っていた資料の中に、私のものがたくさんあったからです」

パソコンが得意だった村上は、レポートなどを必ずデジタルデータで作っていた。化学式などもイラストレーターで作成していたのだ。これが、高校の同級生たちの間で転送されて広まっていったという。

「あ、あれを作った村上か、と（笑）。それだけで信頼してくれました。私の資料は卒業した後も出回っていたそうで、知らない後輩から突然、村上先輩お世話になっています、なんていわれたこともありました」

起業すると決めていたのであれば、大学に行く必要はないのではないか、とも思える。アメリカでも、マイクロソフトのビル・ゲイツや、フェイスブックのマーク・ザッカーバーグのように、事業が軌道に乗ると大学を中退した例もある。だが、村上はそうは考えなかった。

「たとえ起業がうまくいったとしても、大学を中退するという選択肢はまったく考えていませんでした。正直にいえば、起業に失敗する怖さがなかったといえば嘘になります。大学卒業の肩書きは持っておいたほうがいいのではないか、と。だから、しっかり単位だけは取っておかなければいけない、と考えていました。両親にも、起業にはまったく反対されませんでしたが、大学だけは出ておくように、といわれていました」

リブセンスを立ち上げた後も、中退を考えたことは一度もなかった。真面目というか、地に足のついたタイプというべきか。

コンテストで優勝するために最前列で講義を聴く

ベンチャー起業家養成基礎講座のコンテストは7月にある。優勝するために何でもするつもりだった。実際、かなり戦略的に動いている。

「優勝者の特典がオフィスですから、実際に起業する意欲があることがとても大事だと思いました。本当に起業するということをしっかりアピールする必要がある。また、コンテストといっても、講座の授業がまずあって、その後に行われるわけです。つまり、授業の間にやる気を見せられるチャンスがある」

講座は、いろんな講師が入れ替わり立ち替わり授業をすることになっていた。だが、講座を担当する教授をはじめ、キーマンは必ず出席すると見ていた。

「**先生といっても人ですから**、当然、やる気があって頑張っている学生と、そうでない学生とでは受ける印象が違うでしょう」

村上は、やる気をアピールするために、常に一番前の真ん中に座った。食い入るように聞いて、授業が終わったら、ビジネスプランを持って相談に行ったりした。

「キーマンと思われる人にはしっかり顔を売っておきました。挨拶をして、コミュニケーションを交わしておくんです」

そこまでやるか、とも思えるが、これも優勝するための戦略である。逆にいえば、どうしても優勝したかったということだ。実際には、あまり楽しくない授業のときもあった。だが、それも熱心に聞いた。ノートも懸命に取った。そこまでしていた学生が、果たしてほかにいたかどうか。

当時講座を担当していた大和総研の鈴江栄二は、一番前の席で講義を聴いていた村上が、終了後すぐに質問に来たのを覚えている。

「先生、ビジネスモデルを見てください、といって、資料を持ってきました。本当に起業したいという意欲が伝わってきました」

講座に出ていたのは創業メンバーのうち村上だけだったが、残りのメンバーもビジネスプランづくりには加わっていた。大学に入れば、それぞれが新しい世界を手にする。環境が変わると気持ちが変わることだってある。だが、村上は、それをさせなかった。

「**私がしつこく電話したりしていましたから**（笑）。ミーティングするにも、昼間は授業があってなかなか会えない。そこで、朝の7時に集まることにしました。朝の7

時なら、来られない理由がなくなりますから」

そのころ流行り始めたスカイプで夜にミーティングすることもあった。絶対に起業する、コンテストで優勝する、オフィスを手に入れるという気合いが、リーダーである村上にはあったのだ。

「本当に優勝したかったんです。オフィスさえ手に入れば、絶対に起業できると思っていましたから」

オフィスさえあれば、あとは何とかなる。まずは全員が無給でやればいい。サークル活動のようなものでもいい。とにかく始めること。スタートの踏ん切りが何より重要であることを村上は感じていた。オフィスが手に入れば、始めざるを得ない。そのためには、コンテストの審査員になる講師陣の感情に訴えることは当然の戦略だと考えていた。

「ほかにもいろんなことを考えました。授業を聞いていて感じたのは、あまり利益を重視する雰囲気ではないということでした。講座全体のコンセプトが、社会の役に立つ、新しい価値をもたらすというニュアンスだったんです。ならば、そういう軸で訴えかける事業計画が必要になってくるでしょう」

プレゼンテーションでは
やる気とフレッシュさをアピール

ビジネスプランの裏付けとして、村上は200人を超える学生たちに、アルバイトについてアンケートを取り、街頭インタビューも行っている。

学生が作る事業計画を大人がジャッジするのである。大人にはわからない、アルバイトサイトのターゲットとなる若者たちの本音を、アンケートという形でデータ化することにしたのだ。

場所は渋谷ハチ公前など、学生らしい場所を選んだ。早稲田、慶応、立教などの学生に、アルバイトを探し始めてから見つかるまでの期間、パソコンの利用状況などについて答えてもらった。飲食店に飛び込んでインタビューもした。

そして、このアンケートの束を持ってプレゼンに行くことも決めた。パフォーマンスである。

ビジネスモデルだけでなく、プレゼンテーションも考え抜いたものになった。重要なのは、気合いと学生ならではのフレッシュさだと考えていた。発表では、慣れないスーツを着て、意気込みをアピールした。

「私は面接というものでそれまで一度も落ちたことがなかったんです。高校受験も最後は面接でしたし、中学生のときには区のアメリカのホームステイ派遣に応募して、合格したこともありました。大事なことは何より印象だと思っていました。若者らしく、きびきびと答えて、やる気をアピールすることが重要だと」

実はこの〝フレッシュさ〟は、あえて強調した部分でもあった。ライバルと思えたプレゼンターにそれが足りないと感じたからだ。

どうしてもコンテストに優勝したかった村上は、ほかにやる気のありそうな講座の出席者に、それとなく探りを入れていた。どんなプランを考えているのか、どういうバックグラウンドなのか、聞いていったのだ。もちろん、自分も語れるところは語る。

「**やっぱり競争ですから、敵の強さも把握しておかないといけない**。どんなものを出してくるか、ある程度知っておくことは戦略上、必須だと思っていました」

実際、一番前の席に座っていたのは、村上だけではなかった。席を競い合うようなこともあった。そして、一組だけ強力なライバルになりそうなチームがあることがわかった。

「ライバルのチームは、受講していたのは大学1年生だったんですが、一緒にプレゼンテーションをやる人が、変に大人びた、ませた雰囲気だったんですね。裏付けも、難しい分析のようなものになっていて。このチームには学生らしいフレッシュさが足りないなと感じました。ならば、そこを私たちはしっかりアピールしていこう、と」

プレゼンテーションのスライドのデザインにも気を配った。通常は、パワーポイントなどのソフトを使うが、村上はそうしなかった。

「パワーポイントで作ると、デザインが野暮ったくなるんですよ。スマートにならない。だから、イラストレーターを使って、スライド用の企画書を作りました」

アルバイトを見つけたい人が、匿名で条件を登録する「逆求人」と、そして企業が応募者に連絡すると手数料が発生するという「成功報酬型」の仕組み。ユーザーにも便利で、企業も費用が無駄にならないビジネスモデル。メンバーと中身やスライドの順番を精査して、練りに練ったA４用紙12枚のプレゼンテーションは無事に終わった。

コンテストの結果が発表されたのは1週間後。参加者が集められた場で、最優秀賞として村上のプランが選ばれた。

「やっぱりうれしかったですね。絶対に起業するぞ、という気持ちがこのコンテストを通じてどんどん高まっていきましたから。もう絶対にやる、と迷いはなくなりました」

だが、ビジネスプランの発表のときに、思わぬ質問が飛んできた。

「**どうして起業をしたいのか**」と聞かれたのである。

このときの起業の動機は、まだ曖昧《あいまい》なものだった。

「とにかくやりたいから、起業して何か事業を作ってみたいから、と答えました。それ以外にいうべき言葉が見つからなかった。ぼんやりとした思いが言葉になるのは、もっと後のことです」

ベンチャーコンテストには、村上よりも学年が上で、もっと社会人に歳が近いような学生や、本格的な起業の準備をしていた学生も、ほかにたくさんいた。実際、村上以外にこのコンテストを経て起業したのは、4人にのぼる。

村上は、そうした先輩たちを押しのけてコンテストで優勝したのである。自分で自分の運命を切り開いたといってもいいだろう。

営業のノウハウをバイトで身に付ける

コンテストで優勝し、夏休みを迎えた村上には、ひとつの危機感があった。起業にすぐ役立つものを学ばなければならない。まず何が必要になるのかを考えた。

「営業です。事業を興したら、お客さまを獲得しないといけない。では、どうやって営業するのか。それを、営業のアルバイトをして身に付けようと思ったんです」

思いついたのが、自分の事業と同じジャンルである「求人誌」の営業である。

ところが、思ってもみないことが起きた。応募したのだが、面接で落とされてしまったのだ。週4日しかできないことや、学生だったことがネックになった。

面接には自信を持っていた村上にとって、これはショッキングなことだった。気を取り直し、今度は大学の掲示板でアルバイトを見つけることにした。インターネット広告の代理店で急成長を遂げていた会社だった。社員を一気に採用していて、同時にアルバイトも募集していた。

「学生バイトは事務職の募集だったんですが、お願いすれば営業の仕事をやらせてくれそうな雰囲気があったんですよね。それで、面接してもらった副社長に、ぜひ営業をやらせてほしい、と頼み込んだんです」

実のところ村上は、給料がゼロでも、営業を経験させてもらうことに価値があると思っていた。営業を学べる機会などなかなかない。副社長は村上の要望を聞き入れてくれた。

内勤で電話によるアポイントを取る仕事、いわゆるテレアポである。

「まずわかったことは、営業は簡単にアポイントが取れるような仕事ではない、ということでした。やっぱりかなり苦しみました。電話をかけてもかけても断られる」

来る日も来る日も、断られ続けるテレアポを続けた。アポイントが取れる件数よりも、断られる件数のほうが圧倒的に多い。これが当たり前だとわかったおかげで、めげることもなくなった。

「**簡単にアポが取れないということがわかっただけでも大きかったです**。途中からようやく、少しずつコツがわかってきました。半年間ずっとやった結果、どうやって受付を突破するか、どんなトークがアポイントを取るために有効なのか、といったノウハウはずいぶん得られたと思います」

ただ、営業の現場にはなかなか連れて行ってもらえなかった。それでも、アルバイトの時間外に、営業の人にお願いして、給料ゼロで同行させてもらっていたという。

「行かせてもらってとても良かったと思います。打ち合わせや商談の場を見せてもらって、こういうものなのか、こんなふうに契約が行われるのか、という感覚がつかめました」

また、組織運営も見ておく必要があると村上は感じた。社長としてどうふるまうべきか、役職者はどうか。

こうして半年間のアルバイトはとても有意義なものとなった。

この会社とはその後も付き合いを続け、社長とも懇意にしている。上場時には花を贈ってもらったそうだ。

段取りの良さを発揮し、綿密なスケジュールを作る

村上は、創業まで綿密な準備を行っている。営業のアルバイトだけではない。実際に必要になってくるさまざまな作業を洗い出し、段取りをじっくりと考えているのである。

ベンチャーコンテストで評価されたビジネスモデルがあるのだから、早くその事業を立ち上げてみたいと考えてもおかしくはない。優勝したことでまわりからの注目もあったはずだ。

だが、村上は冷静だった。ベンチャーコンテストが終わったのは7月だが、起業は翌年の2月と決めた。準備期間を長く取っただけではない。創業メンバーの全員が起

業に専念できる時期を考えたのだ。

9月から大学の後期課程が始まる。年が明ければ、単位を取得するために避けて通ることのできない試験も待ち構えている。この試験がすべて終わり、全員が事業の立ち上げに専念できるタイミングはというと、2月1日スタートが妥当だ。そして、サイトのオープンは4月1日と決めた。

そのスタートに向けて、村上は高校の文化祭で発揮した段取りの良さをフル稼働させている。当時作ったA4用紙2枚のスケジュール表が今でも残っており、見せてもらった。2月の起業のために必要な要素がすべて洗い出され、創業メンバーの誰がどんなスケジュールで何を担当するかがすべて網羅されていた。

「会社設立」という項目には、設立準備登記、ドメイン取得など。「会社サイト」という項目には、サイト作成、内容検討、サイトのロゴ作成など。「バイトサイト」では、サイト作成、バグチェック、内容検討、イメージキャラクター作成など。「パンフレット」や「サポート資料」では、製本、デザイン、内容検討など。ほかにも「財務計画」「営業戦略」「メンバー集め」などの項目が並ぶ。

これらが表に並べられ、きれいにレイアウトされていたのである。

村上はこう語る。

「久しぶりに出てきたこの資料を見て、びっくりしたんです。こんなにしっかりと運営を考えてやっていたんだな、と思って。当時は今よりもずっと細かいかもしれない（笑）」

スケジュールの進捗を確認するために、創業メンバーは定期的に顔を合わせることになった。もちろん、すべてのスケジュールが思い通りに進むわけではない。調整が必要となれば、スケジュールを引き直していった。

この時期には、現在もリブセンスの取締役に名を連ね、開発を担当している桂大介《かつらだいすけ》が参加している。

とあるビジネスサークルにいたところを、村上がスカウトしたのだ。

みんなで牛タン屋に行ったら、ひとりだけ牛タンではなくシチューを頼んだ桂を見て、「変わってるな」と思ったという。

桂は、学年がひとつ上で理系だった。

村上に対する桂の印象は、「信頼できそうな人だな」というものだった。

一緒に創業するとなると、大げさにいえば、〝人生を預ける〟ことになる。桂は村上の人柄を見てついていこうと決めたようだ。

何もいわずに創業資金を貸した両親

2006年2月1日。営業のアルバイトを前日まで続けていた村上は、ベンチャーコンテストの優勝で獲得したオフィスに入った。

オフィスは大学のインキュベーションセンターの一角にある50㎡ほどのスペースである。現在、インキュベーションセンターは移転してしまっているが、当時は大学のすぐそばにあり、村上は毎日のようにこのオフィスに通うことになる。

会社の設立は2月8日。当初は2月1日にするつもりだったのだが、思わぬことが起きた。設立費用を少しでも抑えようと、会社設立に必要な定款などを、司法書士に頼むのではなく村上が自分で書いたのだが、届け出たところ法務局でストップがかかってしまったのである。

「法務局の担当者も、こんなことはあまりなかったんだと思います。いろいろ調べて、代表取締役が未成年の場合は、親の同意が必要なことがわかったんです。それで受理してもらえなかった」

そのとき村上はまだ19歳だった。急遽、母親のもとへ同意書をもらいに行った。

「そうしたら、受理は2月8日にしなさい、**大安だから**、と母が言い出したんです。そんなことは思いも寄らなかった。おかげで、大事なことをする日は大安じゃなければいけないんじゃないかと刷り込まれてしまいました（笑）」

創業時の資本金は300万円。村上が200万円、ほかのメンバーが合わせて100万円を出した。

村上は200万円もの大金をどう捻出《ねんしゅつ》したのか。50万円はアルバイトなどで貯めた。残りの150万円は、両親に借りたという。

「残念ながら頑張ってアルバイトして貯めたお金では足りなかった。正直に、貸してほしいと親に頼みました」

返答は、「いくらなのか」という一言だけだった。数日後、村上は父親に呼ばれた。目の前に封筒が差し出され、頑張れよ、とだけいわれた。中には現金150万円が入っていた。

高校を卒業してからまだ1年も経っていない19歳の学生に、ポンと150万円を渡せるだろうか。両親は、よほど自分の子どもを信頼していたのだろう。

もちろんベンチャーコンテストで優勝し、オフィスを無償で借りることも決まっていた。だが、それ以前に、小さいころから息子が何をやってきたのか、見守っていたからこそ、だろう。

会社は株式会社にした。考えてみれば、会社組織にしなくても、個人事業のプロジェクトで始めても良かった。実験的にサイトを始めて、それから法人化しても良かった。もとより資本金はもっと少なくても良かった。

だが、いきなり資本金３００万円の株式会社だったのである。

「**株式会社以外の選択肢は考えもしませんでした**」と村上はいう。本当に事業をやるのだ。なんとしてでも成功させるのだ、という心意気がわかるエピソードだ。

そういえば、と面白い話を村上がしてくれた。起業するときは、成功パターンと失敗パターンの両方をシミュレーションするように、とベンチャー講座では教わったという。だが村上は、**失敗パターンを一切考えなかった**。絶対にこのビジネスモデルでうまくいく、と信じていたのである。

もし、競合が現れてきたらどうするか。そのときは、ベンチャー講座に来たある会社の社長の言葉を思い出せばいいと考えていた。

その言葉は、

「**気にしなくていい**」だった。

ベンチャーキャピタルの申し出は断る

リブセンスを立ち上げてからというもの、創業メンバーは、オフィスとなったインキュベーションセンターの一室で1日のほとんどを過ごすことになった。

資本金は300万円あったが、設立登記で謄本を村上が自ら作ったように、できるだけ費用を使わないようにしていた。給料は全員ゼロ。交通費だけは支給していた。

起業をずっと夢見てきたとはいえ、肩書きが記されたピカピカの名刺や、立派な革《かわ》張《ば》りのイスをイメージしていたのかというと、そうではなかった。そんなものには、まったくこだわらなかった。

名刺は、インクジェットプリンタを使って自分たちで作った。ペラペラで安っぽくて、営業先では逆効果だったかもしれない、と村上は反省している。当時はそんなものに高いお金をかけるつもりはまるでなかったのである。

デスクや書類キャビネットなどの什器《じゅうき》も、新しいものを買うのはためらっていた。インキュベーションセンターで余っているものがあると、すぐにもらいにいった。タ

早稲田大学インキュベーションセンターに構えたオフィスの様子（上）
当時の村上太一社長（下）

ダで使えるなら、見てくれなどどうでも良かったのだ。

いってみれば、ケチケチ状態のスタートだったわけだ。

実のところ、資金を出してもらえるという話がなかったわけではない。新聞記事にまでなった早稲田のベンチャーコンテストの優勝者である。当然のように、投資を打診するベンチャーキャピタルが現れた。

資金が潤沢にあれば、経営には余裕は出る。お金がいらないということはないだろう。だが、村上は**あっさりベンチャーキャピタルからの申し出を断っている**。

「講座では、ベンチャーキャピタルは入れるな、という雰囲気があったんです。お金は入ってくるけれど、それによって経営に影響を受ける可能性がある、と。インキュベーションセンターからも勧められはしませんでした。これにはいろんな考え方があって、かなり保守的だったかもしれないですね。ただ、そのときの私は、信頼できる大人の方たちがいっているのであれば、そうなのだろうと思ったんです」

会いたいといってきたベンチャーキャピタルに会ったこともあった。村上は、やってきた担当者を見て、やはり資金を受けるのをやめたという。

「雰囲気が、ちょっとギラギラしていたというか（笑）。これはあまり関わらないほうがいいんじゃないか、と直感的に思ったんですよね」

資金は受けなかったが、その担当者からはさまざまな情報をもらうことができた。人も紹介してもらった。著名な投資会社の人物に会って、企画をプレゼンテーションする機会も得た。良いつながりができた。

結局、リブセンスはベンチャーキャピタルから資金を入れることなく、そのまま上場を果たしてしまった。これは、最近のベンチャーにしては、珍しいといえる。

村上と同世代のベンチャー経営者の中には、ベンチャーキャピタルから多額の資金を受け、注目を集めた人もいる。だが、実際に実績を上げ会社を上場させたのは、資金を受けなかった村上のほうだった。

ベンチャーキャピタルの功罪については、昔から議論されている。お金には余裕が出るが、業績をチェックされ、経営に影響を受けてしまう。場合によっては、事業が失敗することもある。

そうした反省から、シリコンバレーにはＹコンビネータという新しいタイプのベンチャーキャピタルも登場した。投資が少額であることと、経営に必要な知識を経営者にレクチャーするのが特徴だ。これまでに、ＤｒｏｐｂｏｘなどのサービスがＹコンビネータから登場している。

このような状況がある中で、リブセンスがベンチャーキャピタルから資金を入れずに成長し、上場まで果たしたという事実は、もっと注目されてもいいのではないかと思う。

過労死するほどの働くのが当たり前だと思っていた

村上がスタートさせた会社では当初、どんなに働いても給料が出ることはなかった。しかも、2月に会社が始まり、4月にサイトがオープンするまで、やらなければいけないことは山のようにあった。

休みはなかった。深夜まで準備が続き、徹夜して泊まってしまうこともあった。

「創業メンバー以外にも何人か手伝ってくれていた学生がいたんですが、スケジュールがかなり逼迫《ひっぱく》していたので、私がかなりハッパをかけて、精神的に追い込んでしまいました。そうしないと、間に合わないと思っていたんです」

もちろん、事業を立ち上げるという面白さはあっただろう。しかし、ほぼ2カ月間、給料なし休みなし、しかも徹夜に近い激務である。なぜ耐えられたのか。

普通ならこの時点でメンバーから不満が出て、**空中分解してもおかしくなかった。**

春休み中であり、遊びに行ったり、飲みに行ったり、デートもしたかったのではないか。

「役員になった創業メンバーには、覚悟しておいてほしかったので、会社を作るというのはどういうことか、事業を興すとなればどんなことが待っているのかを、事前に知ってもらおうと思いました」

先にも書いた通り、村上はまず、ベストセラーになったサイバーエージェントの藤田晋社長の『渋谷ではたらく社長の告白』（幻冬舎文庫）を読ませたという。

「事業を興すにはこれくらいのハードワークが必要なんだということが書いてある本です。寝袋が当たり前の世界なんだぞ。本当にこれくらいやる覚悟がなければ、役員になるべきじゃない。役員というのはそれくらいの責任があるポジションなんだぞ、と」

藤田社長の本を読み、「やってやろう、とテンションがあがりました」と桂は振り返る。吉田も、ゼロからの立ち上げに全力を尽くそうと心に決めた。

だが、そんなふうに仲間を鼓舞した村上自身、そもそも社会人として働いた経験があったわけではない。どうして〝ハードワークこそ当たり前〟と思えたのだろうか。

「そう思うようになったきっかけは、小学生のときにテレビで見た過労死についてのニュースでした。びっくりしたんです。大人というのは過労死するまで働くのか、社会はそんなに厳しいものなのか、と。クラスで宿題を忘れた同級生に向かって、そんなことではとても大人になれない、大人はすごいんだからな、といってやりたくなりました（笑）」

村上は、どんな子どもも、やがては過労死するほど働く大人になると思っていたという。

「子どもというものは甘い。だから、自分はまだまだこんなことではいけない、と感じていました」

事業を立ち上げるとなれば、なおさらだ。ビジネスの世界で通用するには、それこそ過労死するくらいの努力が必要なのだと思い込んでいた。

「考える基準がとても高かったんですね。社会人は厳しい。スケジュールだってきっちり立てないといけないし、きっちりしたものを作らないといけないと思っていた」

もちろん村上も、少しずつ社会を知っていく過程で、すべての社会人がそこまで覚悟して働いているわけではないことにも気づいていた。

だが、社会人として生きていくことのシビアさが、世の中にちゃんと伝えられていないことは問題だと感じているという。

「ちゃんとやっておかないと社会に出たら大変なことになる、という危機感があれば、子どもの生活はずいぶん変わると思います。社会に出た若者が、仕事がちょっと大変だからとすぐに退職してしまうようなこともなくなるでしょう。私の場合は、それが過労死というキーワードでマインドセットされていたんですが、結果的には良かったのかもしれません」

起業するためにビジネスモデルを変更する

だが、そこまでハードワークをしても、起業はスムーズには進まなかった。

まず事業をスタートさせる時点で、**ビジネスモデルの変更を余儀なくされていた。**

ベンチャーコンテストで優勝したビジネスモデルは、アルバイトを探している応募者が希望の条件を登録し、アルバイトを採用したい企業がそのストックの中から探すというものだった。

これはユニークではあったが、それまでのアルバイトの習慣上、まったく馴染みがないもので、現実的ではないと判断せざるを得なかった。

何よりまず、たくさんの応募者を集めなければ、採用する企業としては魅力が感じられない。それにはハードルが高すぎた。

そこで、企業がアルバイト募集の広告を無料で掲載できる「成果報酬型」にフォーカスすることにした。そして、アルバイトを探している利用者から応募があるごとに手数料が発生するという仕組みにしたのである（この時点では採用祝い金の仕組みはまだない）。

手数料をいくらに設定するべきかを考えるために、村上たちは広くリサーチしている。例えば、従来の求人サイトでは広告を掲載するのに必要な費用はどれくらいか。ひとつの広告にどれくらいの応募があるのか。

村上が取った方法は、**広告を出稿している会社にダイレクトに電話して聞いてみる**ことだった。「あのサイトに出ている広告の費用はいくらですか。応募者はどのくらいいますか」と電話で聞いて回るのだ。なんとも大胆なやり方である。

「断られることも、もちろんありました。でも、たくさん電話をしてみれば、やっぱり教えてもらえるところもあるんです」

例えば、広告費が1週間5万円のところに、何名の応募があって、何名を採用したのか。広告費が10万円のところはどうか。マーケットのリアルな姿を自分で確かめていくことができた。

一方、求人以外でも、さまざまなサイトがどのようにして課金をしているのか、徹底的に調べていった。例えば、無料でコンテンツを掲載している企業でも、どこかで課金をしていることがある。どのタイミングでどうやってユーザーから手数料を取っているのか、かなり詳しく調べた。

こうして、自分たちが設定すべき費用の妥当な目安を探り当てた。

また、このプロセスで、解決しなければいけない問題がさらに続々と出てきた。アルバイトを探している利用者がサイトから応募するときには、どんな情報を入力してもらうのがベストか。応募の状況をどう把握するか。どんなルールを作るか。広告を出稿する企業の審査をどうするか。そして、個人のプライバシー保護はどうするか、ビジネスモデル特許は……。

これらは新たに解決しなければならない課題としてスケジュール表に書き込まれ、担当者が割り振られた。

後に会社の上場準備のために広報・IR担当としてリブセンスに中途入社した真鍋《まなべ》順子《じゅんこ》は、創業時の資料を見て驚いたという。

「上場する場合に投資家の方々からおそらく聞かれるであろうことを、きちんと創業時点でリストアップしていたんです。学生でこれだけのことを準備していたというのは、やはり驚きました」

単にビジネスモデルだけを考えていたのではない。ビジネスを本当に成立させるために何が必要になるのかまで、村上は頭を巡らせていたのだ。

大企業を中心に攻め、手ごたえを感じた営業活動

会社の設立とともに、4月のサイトのオープンに向けて、営業活動が始まった。担当は、当初は村上ひとりだった。アルバイトで半年間テレアポをさんざんやっていた経験を生かすときがきたと感じていた。

まずは、アルバイトを募集している広告主のリストを作る。会社四季報やネットなどのデータから、飲食業や小売業など約2000社を選んだ。これは会社の設立前に準備ができた。

アルバイトを募集している飲食店や小売業は、首都圏だけでもとんでもない数になる。そのすべてに片っ端から営業をかけることは、マンパワー的にとてもできない。

そこで、村上はまずは大手企業に絞った。本社でアルバイト採用や管理を一括で行っているところを狙ったのだ。

そうすれば、ひとつの企業から広告を出稿してもらうだけで、複数店舗のアルバイト募集を掲載できるからだ。

だが、大企業となれば、新参の会社が取引させてもらえるハードルはかなり高い。

そもそも、アルバイト募集サイトだけでもかなりの数があり、たくさんの会社の営業担当者が大企業に押し寄せていることは容易に想像がつく。

すでにアルバイト採用で利用している会社があって、それほど困っていないのであれば、新たな会社にお願いする理由はない。取引する会社が増えればそれだけ管理が面倒になるからだ。そんな企業側の感覚も、村上は理解していた。

まずアポイントを取るところから、簡単には行かないだろうと覚悟はしていた。

「電話をかけても、やっぱり最初は断り続けられましたね。でも、幸いにもテレアポで断られるのは慣れていました。**テレアポは断られてへコんでいるとダメなんですね**。どんどん切り替えていく。営業は精神状態が大事ですから」

もちろん、断られることのほうが圧倒的に多かったが、村上の中では、思ったよりもアポイントが取れるなという感触だった。

「いろんなトライアルをしてみました。どんなふうに電話で話せば、最初の代表電話の受付が突破できるか、ということです。〝アルバイト採用のリブセンスの村上と申します。アルバイト採用のご担当者さまはいらっしゃいますか〟というのが最もシンプルなトークですが、これではなかなかうまくいきません。いろいろ試してわかったのが、〝早稲田大学公認ベンチャーのリブセンスの村上と申します〟という自己紹介でした。これだと、受付の突破率が一気に高くなったんです」

一度は断られてしまった会社にも、この手法で再びチャレンジしてみたりした。すると、意外にクリアできてしまったりする。

「担当者までつないでもらえたら、〝成功報酬型〟というわかりやすい言葉があるので、説明は簡単でした。その会社がどんなアルバイトサイトを利用しているのか調べておいて、掲載無料で成功報酬型のアルバイトサイトを新たにリリースしましたので、一度ご挨拶にうかがわせてくださいと伝えると、会ってもらえる確率はぐっと高くなりました」

電話で断られても、村上は思った以上に感触が良いと感じていた。

「手応えを感じたのは、学生ベンチャーだから断るというところがまずなかったことです。信用できない、心配だから、という理由ではなく、新たな媒体を増やす予定はないからという理由で断られることが多かった。これなら可能性はあると思いました。担当者に電話がつながって、今ちょっと忙しいからと断られたこともあります。でも、電話を定期的にかけて、1年後に会ってもらったケースもある。粘り強く続けましたね」

訪問まで行くことができれば、3〜4割の確率で成約してもらえた。当時、作られていたパンフレットにも、「貼り紙感覚でウェブ求人」「簡単、気軽、低リスク、長期的」「1年間単位での広告掲載で継続的な求人を行いつつ、急ぎで必要な場合は上位表示をすることで即効性のある求人が行える」といった言葉が並んでいた。

村上たちが作ったビジネスモデルは、顧客に説明しやすい特徴があった。何より初期費用がかからないのである。

創業時に村上の営業を受けた銀座アスター食品の採用担当者は、経済ニュース番組に登場して当時のことをこう語っている。

「**とても一生懸命で熱かった**。成功報酬で、広告が無料で掲載できると聞いて驚きました」

多くの中華料理店を経営する同社は、2011年に採用した契約社員のほぼ半数をジョブセンス経由で採用したという。

苦渋の決断でサイトのリリースを遅らせる

村上が営業を始めたのは、創業した2月。そして、3月末の時点で約20社、300件ほどの求人を集めることができた。それなりの広告件数を用意してスタートができると思った。

だが、思いも寄らない事態が待ち構えていた。

ジョブセンスのサイトの制作は、2月にオフィスに入る前から、少しずつ準備が進められていた。しかし、ウェブサイト制作には、想像以上に時間がかかることが次第にわかってきたのだ。

当初、エンジニアは吉田と桂だけ。あまりにマンパワーが少なすぎたのである。後にITに詳しい友人たちをかき集め、サイト制作を手伝ってもらったが、村上の予想をはるかに超えて難航した。吉田や桂は、連日朝から深夜までパソコンに向かうが、なかなかうまくいかない。

心配した村上は、スケジュールをしっかり守ることをメンバーたちに言い続けていた。そのため、制作チームは精神的にかなり追い詰められていたようだ。

村上自身はプログラミングができない。営業の合間にHTMLを書いたりして手伝ったこともあったが、頑張れとハッパをかけながら、見守るしかなかった。

「これは私が反省しなければいけなかったと思っています。スケジュールの見積もりが、あまりにタイト過ぎた。4月といういきりのいいタイミングでサイトをオープンさせることにこだわってしまいました」

だが、応募者が個人情報を入力するサイトだ。セキュリティ面もしっかりしなければならない。また、アルバイトを募集する企業が自分で求人広告を作る仕組みも必要だ。サイト上で企業の担当者が広告を制作し、入稿できるようにしておかなければならない。手を抜いて適当なものを作るわけにはいかなかった。

「どう考えても開発は間に合わない。そこで、サイトのリリースを、4月1日から4月16日に延期することを決めたんです」

サイトのスタートが、いきなり約2週間も遅れてしまった。これは、村上にとって苦渋の決断だった。何より、まったく無名の会社であるリブセンスの考えに賛同してくれた広告主たちに申し訳が立たないと感じた。

「16日にリリースが延期になります、とお詫《わ》びに行ったんですが、幸いにも広告費がかからなかったので、お客さまからお叱りをいただくことはありませんでした。実のところ、ほとんど期待はされていなかったのかもしれませんが」

遅れていたサイト開発は急ピッチで進んだ。それこそ不眠不休だった。だが、出来上がったサイトに村上はまったく満足していなかった。

「納得できていませんでした。でも、エンジニアたちは、もうギリギリの状態でした」

これ以上、延期をするわけにはいかない。どうしても16日にリリースするために、もうひとつ大きな決断をした。

「求人はちゃんと見られるようになっていました。でも、**アルバイトを希望する人が応募することができなかったんです**。応募の仕組みが、間に合わなかった」

応募ができなければ、リブセンスは売り上げが1円も立たない。その後すぐ応募の機能が使えるようになったというが、売り上げが立たないシステムのままサイトをオープンしなければならない状況は、さぞやくやしかっただろう。

準備は綿密に行われていた。だが、給料ゼロ休みゼロでとにかく走り出せばいい、という学生感覚がやはりあったのかもしれない。

こうして、なんとかジョブセンスをスタートさせた村上だが、

このあと約半年間にわたってかなり厳しい状況に陥る。

思うように売り上げが立たなかったのである。

第4章

器用じゃないから乗り越えられた

自前でコツコツSEOを頑張る

入念な準備を経ての起業だったが、その難しさは想像以上だった。

会社は無事に設立でき、サイトも約2週間遅れながらリリースした。ユーザーが応募する仕組みも整って、収益が得られる体制はできた。

しかし、2006年4月から秋にかけて、リブセンスは予想を超える窮状に直面している。

売り上げがほとんど立たなかったのである。

ジョブセンスの広告を見た人が応募の問い合わせをしてくれれば、企業から手数料が支払われる。ところが事業を始めた4月の手数料収入は、驚くべきことに、わずか数千円だった。その後も営業活動と、サイトの再構築は進めた。だが、売り上げは思うように上向かなかった。

村上をはじめとした創業メンバーは、10月まで給料ゼロで働き続けた。アルバイトもお願いしていたが、交通費しか払えない。まったくのボランティアだった。

ただ、給料なしでは食事もできない。そこで、村上の両親が、レトルトや冷凍のご飯やカレー、スパゲティ、カップラーメン、野菜ジュースなどを、どっさり差し入れてくれた。

「意外にいけるんですよ、今のインスタント食品は。みんなおいしく食べていましたね。**幸いにも、みんなまだ舌は肥えていませんでした（笑）**」

売り上げがなかなか立たない理由ははっきりしていた。まずサイトを作ることを優先していたため、そこにユーザーを誘導する方法を考えていなかったのだ。

「とにかくサイトをオープンすれば、何とかなると思っていたんです。それだけ良いサービスになると信じていましたし。でも、いざオープンしてみると、人が全然集まらない。人を集める工夫をしなければならないと気づきました。本当に甘かったです」

人を集めるために何をすべきか。普通に考えると「広告を打つ」という結論になるだろう。しかし、資本金は300万円。学生にとっては大金だが、この先の会社運営を考えるとそんなことにお金を使う余裕などない。

「とにかくお金をかけずに集客するにはどうすればよいか考えました。そこで、SEOを徹底的に研究し、ほかのどのサイトよりも検索結果が上にくるよう手を尽くしました」

SEO対策をしてくれる専門業者はたくさんある。だが、外注する余裕はない。全部自前でやることにした。

「SEOに関する本を片っ端から読んで研究を重ねました。SEOでは、外部からリンクを張られるのが重要になります。ですから、まずはホームページを持っている友人に、リンクを張ってほしいとお願いをするところから始めました」

友人からさらに友人に、リンクを張ってもらうようお願いをしていった。

そして、ウェブ上で「ここはいいサイトだな」と思えるところを見つけたら、リンクを張ってくれるようお願いした。

「学生ベンチャーです。リンクを張ってもらえませんか、とお願いをすると、意外と受け入れてもらえたんです」

村上は時間があればこの作業を続けた。今日は何件リンクを張ってもらう、と自分でノルマを決め、営業の合間や夜などに手作業で続けたという。

「効果的なリンクが次第にわかるようになっていきました。例えば、ほかのアルバイトサイトにリンクを張っているような個人のサイトがあれば、リブセンスにも張ってほしいとお願いする。そういうサイトは意外とたくさんあるんです」

効果はてきめんだった。アクセスは次第に増えていった。

村上は、さらにSEOを深掘りしていった。

「検索結果での順位が高いサイトを見つけて研究しました。SEOで上位に表示するのが難しいキーワードがあります。例えば、〝転職〟や〝キャッシング〟。こういったキーワードで上位にあるサイトを見て、SEOのためにどんなことをやっているのか、サイトの構造を徹底的に調べたんです」

どんなところからリンクが張られているのか、サイト内でユーザーがどのような動きが取れるのか。村上はSEOを学びながら、ウェブシステムの仕組みを理解していった。

「お金がなかったために、自分たちでひたすらやるしかなかったわけですが、結果的に大きなプラスになりました。リブセンスでは今、SEOのほか、サービスの企画立案からサイトデザイン、システム開発、サービス運営に至るまですべて内製化しています。自社でできることは自社でやろうという自前主義は、このときに得た経験が大きかったと思います」

やがて「アルバイト」というキーワードで検索すると、大手企業のサイトに並んで、ジョブセンスが上位に顔をのぞかせるようになった。

だが、それだけでは売り上げの低迷は打開できなかった。新しい何かが必要だったのである。

お客さまにより喜んでもらうためにビジネスモデルを再度変更

4月になると村上たちは学年がひとつ上になり、授業が始まった。学校にも行かなければならない。平日に会議をすることが難しくなった。そうなれば、土日に会議するしかない。

季節は変わったが、みんなでちょっと一杯、なんてこともなかった。相変わらず仕事だけの日々が続いていた。

みんな黙々と働き続けた。出稿してくれる会社の数と広告の件数は次第に増えていったが、売り上げは伸びない。

当時、村上たちの入っていた早稲田大学のインキュベーションセンターで同じくオフィスを構えていたユーザーローカルの伊藤将雄代表取締役はこう語る。

「朝早くから夜遅くまでリブセンスの面々は働いていました。土日もです。すごいべンチャーがある、といろんな人に話したのを覚えています」

伊藤は、学生の間で非常によく知られている「みんなの就職活動日記」というサイトを立ち上げた後、早稲田大学大学院でウェブのユーザー行動解析を研究し、今の会社を創業した。

そんな起業家としての経験を積んできた伊藤から見ても、村上たちのハードワークぶりは、目を見張るものがあったのだ。

現状を打破するためにどういう打開策があるのか、リブセンスのメンバーは会議で何度も意見を戦わせていった。

そして、夏になって方向性が決まった。ビジネスモデルの再度の変更である。ベンチャーコンテストで優勝したモデルは、創業時点で変更せざるを得なかった。そこからさらに、変えるのである。

村上たちが考えたのは、**ジョブセンスを使ってくれる人たちのメリットを、これまで以上に高める**ことだった。

自分たちの売り上げが伸びなくて苦しんでいるのに、ほかの人たちがどうしたら喜んでくれるかを考えようとしたというのである。

アルバイトを探しに来る人たちのメリットとは何か。それは、自分にぴったりのアルバイトが見つかることだ。そのために必要なのは、たくさんの求人が載っていることである。

では、どうすれば、これまでよりも求人広告を増やすことができるのだろうか。

それは、これまでよりも魅力のある成果報酬の仕組みを作ることだ。そこで村上たちが考えたのが、利用者から応募があった時点で手数料をもらうのではなく、企業がアルバイトを採用した時点で手数料をもらうという仕組みだった。

「このようにビジネスモデルを変えると、自分たちが手数料をもらうハードルが高くなるわけです。でも、採用が決まってからお金を払うほうが、成功報酬型という意味ではよりわかりやすい。これならもっとたくさんのお客さまに広告を出していただけると思いました」

実際、採用ごとに手数料をもらう仕組みにすると報告したところ、広告主から反発が上がることはなかった。実はそれ以前から「採用じゃなくて応募があっただけで手数料を払うのはなぁ」という反応もときどきあったのだという。

だが、ビジネスモデル変更は、これだけにとどまらなかった。

採用時点で手数料を払う仕組みは、広告を出す企業には圧倒的なメリットになった。

では、アルバイトを探す利用者にも、何か圧倒的なメリットを与えられないかだろうか。
そうして考え出したのが、「採用祝い金」だった。

画期的な祝い金のシステムで多様なニーズを満たす

採用祝い金とは、アルバイトを探している利用者が、ジョブセンスの求人広告を通じてアルバイトを見つけた場合、ジョブセンスから祝い金がもらえるというものだ。**アルバイトに採用され、初めて出勤すると、バイトサイトからお金がもらえるのである。**

それまで、総合アルバイトサイトでこんなことをしているところはなかった。これこそ、ユーザーにとって圧倒的な魅力になるだろう。同じアルバイトを見つけるのに、お金がもらえるところと、お金がもらえないところとで、どちらで選ぶかといえば、答えは明白である。

「資料請求などをするとポイントがもらえる〝ポイントサイト〟が人気を集めていることは知っていました。ポイントが資料請求のインセンティブになるわけです。同じように、採用祝い金がもらえることをインセンティブにすれば、ユーザーをジョブセンスに誘導できると思いました」

実は、一部のジャンルの求人では、「採用一時金」のようなものがあったという。だが、総合アルバイトサイトではなかった。

祝い金の上限は2万円。採用が決まった利用者が申請し、広告主の確認が取れ次第、支払われる。

興味深いのは、祝い金が一律の金額にはなっていないことだ。企業が支払う成功報酬に連動している。急ぎでアルバイトが欲しいときや、採用難易度の高い職種の場合は、報酬を高く設定し祝い金を上げると、サイト内での並び順が上位になり注目されやすくなる。

祝い金を一律の金額にしてしまえば、運営側としては楽だっただろう。そうせずに手数料の額と連動させたところに村上たちのセンスを感じる。

どうしてそのような発想ができたのか。それは、彼らが広告主の話をよく聞き、どうすれば多様な採用のニーズを満たせるか、顧客視点で考え抜いたからだろう。

だが、創業1年目のころ、この新しいビジネスモデルについて、「そんなビジネスモデル、本当に成り立つの？　学生が考えそうな浅はかなアイディアだよね」と営業に行った先でいわれたこともあったという。

会社の利益が減ってしまうようなことをどうしてわざわざやるのか、学生は考えが甘い、という意味だろう。だが、「まずは自分たちの利益ありき。とにかく利益をあげよ」というのは村上の発想ではなかった。

ユーザーや広告主に、これまでなかった満足を与えたい。こうした思いが、リブセンスのビジネスの原点にあるのだ。それこそが〝生きる意味〟だと村上は考えていた。

「先が見えなかった状態でしたが、新しいビジネスモデルであればうまくいくだろうと思っていました」

実は、アルバイトの採用が決まった時点で報酬を払う仕組みにすることで、システム上の課題がひとつ生まれていた。企業がアルバイトを採用したことを、どうやって把握するのか、である。

考えたくはないが、広告主がごまかしてしまう可能性だってありうるだろう。

採用があったことを確実に知るにはどうしたらいいか。実はこれも、採用祝い金を導入するひとつのヒントになった。祝い金がもらえるのであれば、利用者が間違いなく採用してもらったことを申請してくるに違いないと考えたわけである。

このビジネスモデルに変更したのは2006年10月。ジョブセンスをリリースしてから半年後のことである。

この時点では、わずかな収入はあったものの、ビジネスとしてはまったく成立していなかったと村上はいう。

確かに苦しい時期でのビジネスモデルの変更だったが、顧客をより喜ばせたいという気持ちは本気だった。そして、その気持ちを言語化したのが

〝幸せから生まれる幸せ〟

という経営理念である。

村上が中心となって話し合い、リブセンスはこれを経営理念として掲げることを決めた。

ビジネスモデルの変更と、村上がコツコツと進めていたSEOのおかげで、ジョブセンスを訪れるユーザー数が増え、売り上げにつながっていく。

だが、それは年が明けてからのことだ。何か手を打っても、すぐに成果が現れるわけではなかった。

そして**このタイムラグが、村上を精神的に追い詰める**ことになる。

追い詰められ、事業の売却を検討する

２００６年の末のことである。村上は起業してから8カ月間踏ん張ってきた。メンバーも休みゼロで頑張ってくれていた。

給料は、さすがにいつまでもゼロではまずいと考え、多少売り上げが立ち始めた10月から月に5万円ずつ支払うようになった。

だが、キャッシュフローは赤字だった。このまま支払いを続けたら、資金はいつか底を突く。その恐怖を村上は味わっていた。

11月は、自分の報酬5万円を受け取らなかった。受け取れなかったといってもいいかもしれない。わずか5万円でも、会社のお金として残しておきたかった。

村上はそれほど追い詰められていたのである。

「そんなときに、〝求人サービスに興味があるんだけど事業を売らないか〟と知り合いの社長からいわれたんです。話をしてみたら、なかなかいいサイトを作っていると評価してもらえて」

ビジネスモデルを変更したばかりだったが、まだ思うような成果は上がっていなかった。

「少しずつ伸びてはいたんです。でも当時は、売り上げが数千万円規模で上がるようなイメージがまったくわきませんでした」

売り上げ1000万円のためには、どれくらいの採用が成立すればいいのかをシミュレーションしてみた。後に軽々と超えてしまうことになる数字だが、当時の村上にはとんでもないものに思えた。

「それまでも、いろんなことをいわれてきました。こんなビジネスは成立しないとか、うまくいくはずがないとか。でも、**結果が出ていない以上、反論のしようがなかった。**そうなると、これしかないと思っていたビジネスモデルですら、自信がなくなってくるんですね」

広告主や利用者に圧倒的なメリットを与えることができると考えていたビジネスモデルであっても、まわりからネガティブな声が入ってくれば気持ちが揺らいでくる。

「そういう声は聞かないようにしていたんですが、弱気になると聞こえてきてしまうんです。変更したビジネスモデルにしても、たしかにほかの会社はやっていなかった。でも、大手の会社がやらないのは、そもそも成立しないモデルだからだ、みたいなことを次々といわれてしまって」

マイペースな村上だったが、いろんな声が気になり始めてしまった。

「決定的だったのは、こんな言葉でした。**企業が勝つには、人、モノ、金が必要だが、君たちには何があるのか**、と。これはショックでした。何もなかったからです」

このままでは資金がショートしかねない。すでに村上はひとつの決断をしていた。広告主とSEOについて話をする機会があり、詳しく話していたら、SEOを手伝ってくれ、といわれたのである。本業外でのSEOのコンサルティングである。自分の技術が買われてのことだったが、村上には不本意だった。

「初年度の年間売り上げは最終的に450万円になりました。ゼロから立ち上げた学生のメディアにしては頑張ったねともいわれたんですが、実際にはこのうち200万円はSEOのコンサルティングで得たものでした。メディアだけだとわずか250万円だったんです」

ジョブセンスの事業を買いたいといってきた社長は、役員会で討議するといってくれた。その話をしたのが年末である。

ところが、正月休みが終わると、村上は考えを変える。

「先方にもいろいろと調べたりしてもらっていたようで、本当に申し訳ないことをしました。それでも、〝やっぱり頑張ってみます〟と伝えたら、〝そうか、良かった良かった〟といってくださって。これからも応援するよ、と」

気持ちが変わったのは、もし仮に売却したとしても、それから自分がどうするのかを冷静に考えてみたからだった。

「絶対にまた新しい会社を作るだろうな、と思ったんです。そもそもなぜ会社を立ち上げたのかというと、たくさんの人々に喜んでもらいたい、世の中にいい影響を与えていきたいからです。自分のやりたいことが最大化できるのは会社だと改めて気づきました。**だったら今の会社をそのまま続けても変わらないじゃないか、**と」

もっと大変な思いをしている会社もたくさんあるはずだ。自分の苦労なんてたいしたものではない。

「目の前の苦しさだけを考えると、本当に厳しい状況でした。でも、正月休みで落ち着いて考えてみたら、気持ちは変わった。人間というのは、そういう生き物だと思いました」

売却をしないという村上の選択は正解だった。

なぜなら、その年明けから、リブセンスは爆発的な成長を見せていくからである。

ついにブレイク！初年度の20倍の売り上げを達成

明らかな変化が現れてきたのは、２００７年2月ごろだった。一気に数字が上向いてきたのだ。

この年の3月には、それまで関東を中心にサービス展開していたのを、全国展開に切り替える。地域を特化する意味がないと気づいたからだ。

ネットサービスの場合、展開を拡大するからといって、営業所が必要になるわけではない。すでに、全国に店舗があるナショナルチェーンの広告主をたくさん獲得していた。関東以外のエリアの求人もやります、と伝えるだけで良かった。大手企業を中心に営業していたことが、ここでも生きた。

全国展開の効果は大きかった。ユーザーのアクセスが驚くほど増えたのだ。ナショナルチェーンの顧客は、関東のみならず他のエリアでの募集にも積極的にジョブセンスを利用してくれるようになった。ジョブセンスの管理画面で顧客が操作するだけで、簡単に募集のエリアを拡大できるのである。

売り上げは、2007年2月から急上昇を始め、9月には**約10倍**になっている。村上がひとつの目標としていた月商1000万円を突破したのがこのころだ。

その後も急成長は続き、第2期となる2008年3月期は7206万円の売上高を達成している。初年度の約20倍だ。

第2期を迎えて、ようやく安心して給料も出せるようになった。5万円の給料を、一気に20万円にした。無給無休で頑張ってきた創業メンバーたちが、ようやく報われるときがきたのである。

「20万円といっても、相変わらず休みもなく朝から晩まで働いていましたから、**時給に換算するとひどい状況だった**と思います(笑)」

売り上げからすると、もっと給料を上げても良かったかもしれない。相変わらず慎重だった。贅沢なこともまるでしていない。ようやく創業メンバーで祝杯を上げたのも、サイトのリリースからほぼ1年が経とうとしていた2007年3月だった。

「みんなで祝杯をあげるならあそこに行きたいといっていた高級焼き肉店があったんです。8000円で食べ放題、飲み放題のプラン。そこに初めてみんなで行って、おいしくておいしくて、感動しました。その店は、私たちの間で〝**聖地**〟と呼ばれていました」

初めての祝杯。なんともささやかといえるかもしれない。そして、節目の達成会を開くときはこの〝聖地〟に行こうと決めた。次の目標は月間売り上げ1000万円。意外と早くその時期はやってきた。

「達成会と、それから人も増えたので記念会。うれしいことが、第1期には考えられなかったほどたくさんありました」

それでも、仕事帰りにしょっちゅう飲みに行くようなことはなかったらしい。達成会を除けば、メンバーたちは相変わらず懸命に働いていた。給料が入ってきても、生活態度が変わることはまるでなかった。

「相変わらず学校がありましたから、会議は土日なんですよね。朝10時に集合して。だから、土日も仕事でした。いかにこのサイトを伸ばしていくか、ということだけが、みんなの関心事だったんです」

好きなものを買いに行ったり、思い切って車を買ってしまったり、などということもまったくなかった。

「たしかに月給20万円は学生にとって大金だったかもしれないですが、社会人ならもっとたくさんもらっている人もいる。**みんな、社会人として一人前になりたい、という思いがありました**」

サイトのリリースからビジネスモデルの転換、そしてビジネスを売却しようかと悩んだ10カ月。その苦しい時期があったからこそ、こうした思いを持つようになったのかもしれない。

村上だけではない。メンバーの誰もが、地に足のついた意識を持っていた。売り上げが急激に伸びても、浮ついたところはまるでなかったのである。

どうして平常心が保てたのか。開発を担当していた吉田はこう語る。

「常に高い目標をみんなで共有できていたんです。何かを成し遂げても、それは通過点にすぎないという認識でした」

村上だけがビジョンを掲げていたわけではない。常に話し合い、チームとして意識の統一が図られていた。だからこそ、上場してもブレない組織ができたのである。

器用じゃなかったから乗り越えることができた

苦しい時期を乗り越えてブレイクするまで、リブセンスの面々はなぜ耐えることができたのか。

村上が面白いことをいっていた。

「**みんな器用じゃなかったことが良かったのかもしれません**。不器用で、これをやっていくしかないだろう、という感じだったんです」

もしほかに選択肢があったら、気持ちが流されてしまったかもしれない。ほかに打ち込めるものがあったら、そこまで踏ん張れただろうか。

「器用な人のほうが、いろんなことができるから、選択肢が増える。いろんな選択肢があると、人は弱くなるんじゃないかと思います」

村上は、器用に頭を切り替えてほかの道を探すことはできなかった。ビジネスの売却も、結局は白紙に戻してしまった。また、仕事以外のものにもあまり興味が持てなかった。

「仕事だけを100％愚直にやり続けている会社は、基本的にうまくいくと思うんです。そうじゃないところに目が向き始めると、会社はおかしくなってしまう」

器用な人ほど、いろんなことに目が向いてしまうと村上はいう。例えば、名刺を持って交流会に行く。パーティに出掛ける。否定はしないというが、度が過ぎれば問題だ。そんなことをする前に、やるべきことがある。

「もちろん、会社というのは、市場を間違えるといくら頑張っても成果は出ませんから、市場の選び方や市場への入り方は大事だと思います。でも、その後は愚直にやり続ける以外に方法はないと思うんです。私は不器用だったから、自分の仕事をやるしかなかった」

周囲もそんな村上を冷静に支えてくれた。村上は両親に決算書を必ず見せていたという。第1期はさておき、第2期は売上高7206万円、経常利益が3108万円である。学生にしては、大変な数字といっていいだろう。ところが、その反応は、

「ああ、そうか、というだけなんですよ（笑）。質問もない」

むしろ、ともすれば勘違いしかねかい息子をいさめる気持ちすらあったようだ。

「ワイシャツはいつも白を着ていたんですが、あるとき、白と黒のストライプを着たことがあったんです。シンプルなものだったんですけど、〝お前も偉くなっちゃったな〟と父にいわれてしまって」

それ以来、村上は、白のワイシャツしか着ていない。今でもそうだ。勘違いしてはいけないということを、自分自身でも感じていたのかもしれない。

そしてこの素直さが、後のさらなる事業の拡大を呼び込んだのである。

ちょうど第2期の途中で、まわりの友人たちが就職活動を始めるタイミングになった。しかし、両親は何もいわなかった。どうするのかと聞かれることもなかった。

「リブセンスの事業をやり続ける前提で私も活動していました。だから、就職活動という言葉は一度も親から出てきませんでした」

売り上げが伸びても自分たちはまだまだと思う

第3期に入っても売り上げの急拡大は止まらなかった。まさに倍々ゲーム。月商が2000万円を超える月も出た。ユーザー増加の勢いも衰えず、自分たちもアルバイトを採用するなどして営業を強化し、広告主も増えていった。

最終的に第3期は、売上高3億2120万円、経常利益1億5276万円を達成する。**学生でありながら1億円を超える利益**とは驚きだ。ところが村上は、まったく動じていなかった。

「売り上げは伸びていましたが、そんなに意識していなかったんです。簿記の資格を持っていたので経理は私がやっていました。仕訳したものを税理士の先生に送っていたんです。第3期の途中までは決算を月次で締めていなかったので、毎月どれだけの売り上げがあるか、実はよくわかっていなかった。売り上げと手数料が振り込まれたかを確認していただけで、あとは税理士さんにお任せしていたんです」

オフィスが無料で借りられたのは第1期だけだったため、第2期からは同じオフィスを月額11万円の家賃で借りていた。そのほかにも必要な経費はあったが、なるべくお金をかけないようにしていた。

「たしかに月次決算が1000万円単位になっていたのはわかっていました。でも、それが会社としてすごいという感覚はなかった。売り上げが数十億円、数百億円という規模の会社からしてみたら、まだまだ小さいからです」

村上の考えていた基準はとても高かった。売り上げが伸びても、おごることなく、冷静に見ていたのだ。

「そんなことより、**サイトを良くしていくのが楽しかった**んです。どんどん利用者が増えて、広告も増えていった。たくさんの人が利用してくれていることのほうが、断然うれしかった。誰かに喜んでもらえることのために自分はやっているんだと実感しました」

村上以外のメンバーも同じように感じていた。

「伸びていることはみんなわかっていました。でも、みんなお金に無頓着でしたね。それ以前に、お金が目的ではなく、ユーザーや広告が増えていくのが楽しくてやっていたんです」

リブセンスは急成長したが、派手にメディアに取り上げられることはなく、事業に集中できた。ベンチャーブームの時期ではなかったことが幸いしたかもしれない。

「この売上高の伸びはすごいなんて記事を書かれていたら、少しは変わっていたかもしれないです。でも、**誰もそんなことはいってくれませんでしたから**（笑）」

村上には〝虚栄心〟というものがまるでなかった。取材に来てほしいとも思わなかったし、有名になりたいとも思わなかったという。

今でも後悔する、お世話になった人を裏切る失態

そんな村上だが、事業が軌道に乗り始めたこの時期、大失態をひとつ演じている。これについては、本人も相当、反省しているらしい。

お世話になった人に、恩を仇で返すようなことをしてしまったのだ。

村上がビジネスモデルを思いつくきっかけになったのが、高校時代のアルバイトである。このときに働いたうどん店の店長とは、その後も付き合いを続けていた。

何か見返りを期待しているわけではないのだが、お世話になった人たちとは付き合っていたいと考えていた。うどん店には、アルバイトを辞めて以降も、ちょくちょく顔を出したりしていたのだ。

バイトをしていたのはチェーン店だが、フランチャイズ契約を結んでさまざまな飲食店を経営している会社が運営していた。村上は、当時の店長に、運営会社に営業させてほしいとお願いした。

「店長は、いいよ、と気さくにおっしゃってくださいました。運営している会社の部長も同席するようにいっておくから、と」

ところが、店長が部長とのアポをセッティングしてくれた日の朝、**村上は寝坊をしてしまうのである**。

「寝坊どころではありませんでした。あまりに疲れすぎていたのか、目が覚めたら夕方の4時だったんです」

気が付いたら携帯電話に着信が何件も入っていた。店長からだった。

「本当に申し訳ありませんと何度も謝りました。でも、もういいよ、といわれてしまって」

その後、何度か、電話を入れたが、店長に会うことはできなかった。村上が働いていた店は閉店し、別の業態の店舗に変わっている。

「今でも本当に申し訳なく思っています。できれば一度、お会いしてちゃんと謝りたいんです。あれは、人生で一番の大失態でした」

リブセンスは、学生ベンチャーの甘さが出ないよう、徹底的に自分たちを管理していた。始業や会議などは遅刻厳禁。給料が出なかった時代には、遅刻したら残りのメンバーにご飯をおごるという罰則を作っていた。

それだけに、顧客とのアポイントをすっぽかし、よりによってお世話になった人の顔に泥を塗るようなことをしてしまった自分を許せなかった。会社が大きくなろうが、株式を上場しようが、その失態は忘れられないと村上は語っていた。

正義を押し通すことが必ずしもいいとは限らない

リブセンスは、広告主をはじめとした顧客への対応に、とても気を配っていた。学生だからといって甘えてはいけないと考えていたのだ。

「連絡するといったら、必ず連絡する。ちょっとした約束事がものすごく大事だということを、口を酸っぱくしていっていました」

自分たちを厳しく律するからこそ、相手に対してもきちんとした対応を求めることができる。

ビジネスにおいては、取引相手を立てるだけでは、いい関係はなかなか作れない。値引きを求められたり、本来はする必要のないことまで求められたりした場合、きっぱりとした態度でのぞまなければならない。

だが、そうはいっても杓子定規な対応だけではビジネスは進まない。このあたりのさじ加減が難しい。

リブセンスの創業メンバーは、社会人として働いた経験がない。社会というのはこういうものだと教えてくれる人もいない。結果的に、自分たちでいろんな〝洗礼〟を受けるしかなかった。

「まだユーザーからの応募で課金する仕組みだったころです。ユーザーが応募した事実は確認できていたのですが、その企業から『面接したわけではないので料金は払わない』と言い張られてしまいました。たしかに微妙なところではあったんです。ただ、こういうところで原則を曲げてはいけないから、あくまで課金の対象になりますと説明したら、担当者が怒ってしまって、一方的に解約されてしまいました」

当時のビジネスモデルでは、面接をしてもしなくても、応募があった時点で費用は発生すると説明していた。文書にもなっていた。

「今、思えば、もうちょっと別の対応の仕方があったかなという気もします。とにかく、こっちが正義だ、みたいな言い方をしてしまったので、相手を不快にさせてしまったのかもしれません。正義をひたすら押し通すことだけが正解ではありません。**正義における〝寝技〟のような方法が別にあることを教わった気がします**」

だが、この件は悲しかった、と村上は語る。どうして社会人なのに同意した約束が守れないのか。

値切られたこともあった。だが、それに関しては一切、拒否した。

「この額で決まっています、と譲りませんでした。そもそも十分安かったですから」

営業活動を進めていく段階で、何を受け入れて、何を受け入れるべきではないか、ルールづくりをしていった。もちろん、相手の役に立てればうれしいが、過度なサービスは結果的にリブセンス側に大きな負担をもたらす。

「例えば、効果のシミュレーションを出してほしい、とよくいわれました。サイトへの広告掲載では当たり前のように求められる資料だったのかもしれません。でも、シミュレーション資料というのは、作るのがとても大変なんです。そもそも掲載は無料ですから、掲載して効果を見るのが一番手っ取り早い。だからそう伝えました」

人的なパワーも限られている。少ないリソースをどこに割くか冷静に判断した。

一方で、アルバイトに応募する利用者への対応にも気を遣った。

利用者からは、採用祝い金について「こんなサイトは初めてだ」と評価をもらうことも少なくなかった。

しかし、何か悪い評判があればあっという間に広まるのがネットの世界である。

「レスポンスひとつで企業のイメージは変わります。子どものころ、食品会社に自分が考えたレシピをメールで送ったことがありました。こんなおいしい食べ方がありますよ、と。すると、ありがとうございました、と返事がきて、その会社のことが一気に好きになりました。でも、ある外国の時計メーカーに修理の問い合わせをしたら、まったく返事がこないこともありました。最悪の会社だと思いました」

電話で質問をしてくる人もいる。しかし、人的なパワーが足りない。

そこで、電話の担当者は置くものの、できるだけメールで質問を送ってもらえるよう誘導することにした。

メールなら、深夜でも返信できる。毎日担当を決め、なるべく早い返信を心がけていた。

「メール状況をすべてチェックして、返信のスピードについても管理していました。返信が遅い担当者には、どうなっているんだと確認する。どう返事を書けばいいのかわからないような問い合わせがきた場合は、調べてから後でもう一度メールします、と先に返信しておけばいいんです。それだけでまったく印象は変わりますから」

村上は、とにかく相手の立場に立って考えることを基本にしていた。社会人として働いた経験はなかったが、事業を立ち上げていく中で学び、みんなで経験を積み上げていった。

リブセンスは、走りながら強くなっていったのである。

第5章

上場は当然の通過点

初めて採用した社員はずっと年上の43歳

快進撃を続けるリブセンスは、第3期の2008年9月のときに初めて社員を採用している。それまでは、アルバイトも含めて全員が20代。だが採用した社員は、同年代ではなく、なんと**43歳**だった。

当時のリブセンスは、それなりの苦労もありながら、20代前半の若者たちだけで、あたかも大学のサークルのように和気藹々《わきあいあい》とやっていたはずである。売り上げは急伸し、資金がショートする不安もなくなった。彼らにとっては、天国のような状況だったのではないか。

自分たちよりも年上の、父親に近いような年齢の社員を雇うということは、若者たちで楽しんでいた場に〝大人〟が入ってくることになる。これは、過去のベンチャー企業にはあまりなかったことではないか。実際、〝大人〟がいなかったがゆえに、羽目を外してしまったベンチャーもあった。

「むしろ大人に入ってもらったほうが安心だと思っていました。私たちは社会人として働いた経験がない。世の中のことが本当にわかっていないんだと自覚していました。売り上げも伸びてきて、管理や財務、経理面などで、さすがにそろそろ人を入れないとまずいと感じていたんです」

過去に知り合った信頼できる大人との縁から、社員を採用することができた。

「起業前に営業アルバイトをしていたインターネット広告会社で、社会保険労務士さんに名刺をいただいたことがあったんです。何かあれば、お手伝いしますよ、といってくださって。いろいろな人にいずれ起業しますといっておいて良かったです」

その社会保険労務士の紹介で43歳の社員が入社したのである。

同じ第3期に、やはり年上の20代半ばのプログラマーを採用した。それは、先に入社した43歳の社員のおかげだった。

「それまでは、来る者は拒まずという感じでアルバイトを採用していました。大学の先生から紹介されたケースもありました。ただ、社員の採用となるとどうしていいかわからなかった。経験豊富な人材に加わってもらって、中途採用でどうやって人を採るのかを教えてもらったんです」

こうして、自分たちより年上の社員が加わることにより、リブセンスの成長に弾みがついていく。

また、このときの正社員採用の経験が新たなビジネスにつながっていくのだが、それは後に書く。

第4期の2009年は、18人の社員を採用し、社員20名体制となった。採用したのは、このときも全員が年上だったという。売上高は5億7322万円となった。

「それまでのように自分たちだけだったら、これほどまでに陣容を拡大できたかどうか。大人に入ってもらったからこそ、できたことだったと思っています」

そしてもうひとつ大人に入ってもらった理由があった。早い段階で株式上場を視野に入れていたことである。

大きな会社を目指すなら上場は当然のこと

結果的に25歳と1カ月で上場を果たした村上だが、実は創業する前から、史上最年少での上場を意識していた。

大学1年のときに初めてビジネスプランを作ったときも、最年少上場記録を更新することを目標として記していた。

「史上最年少上場というのは、おそらく思いつきで書いたんだと思います（笑）。記録はあまり気にしていませんでしたが、**上場することは、大きな会社を目指すなら当然のことだと思っていました**。もともと、たくさんの人に喜んでもらって、世の中に大きな影響を与える会社を作りたいと思っていたわけですから」

上場すれば、会社の知名度が上がり、優秀な人材を集めやすくなる。特にインターネットでビジネスを行う企業の場合、エンジニアの獲得が重要だ。

だが、株主をはじめ、外部からさまざまなプレッシャーもかかってくることになる。

「プレッシャーは、むしろ自分たちにとって、さらなる成長のエンジンにできると思っていました」

村上は、早くも第2期で上場の準備に着手した。上場企業で管理部長を経験した人と知り合い、何が必要なのか情報収集を始めたのである。

「当時の私は本当に何も知りませんでした。まずは監査法人を入れないといけないといわれたんですが、監査法人が何かよくわかっていなかった。さすがに、その場では知らないとはいえなくて、後でこっそり調べたんですけど（笑）」

そして第3期には、規定づくりや運用などを始めている。最年少上場記録の背景には、しっかりとした準備があったのである。

もちろん、上場できたのは、企業としての力を着実に上げていったからだ。リブセンスがほとんどの業務を内製化していたことが強みとなった。

「システムは一度も外注をしませんでした。SEOもそうですが、自分たちで技術を磨いていこうという考え方でした。外注したくてもお金がなかったおかげで、全部自分たちでできるようになったんです。実は社内の電話システムも自社製で、音声ダイヤルの分岐なども作りました。こうした技術的なことも、社会人のマナーとか営業のやり方と同じように本が出ているんですよ」

サイトを初めてリリースしたとき、村上の満足度は低かった。それもあって、デザインだけ、専門の個人デザイナーに外注したことがあった。第2期に入るタイミングでサイトをリニューアルしたときである。

「みんな自分たちの業務で精一杯だったこともあって、一度、外部に頼んでみようということになりました」

仕上がりは満足のいくものではなかった。

「とにかくお金がなくて、ケチケチでやってしまいました。やっぱり値段と価値はある程度までは比例するんだなと反省しました」

後に、デザイナーは社員を採用することになった。

「やろうと思えば、内部でできるんです。技術もデザインも営業も、それぞれが自分たちで勉強して、レベルを上げていきました。結果的にそうすることで、会社にも力がついていったと思っています」

思い切った引越しでみんなの意識が変わる

リブセンスが組織として一皮むけたと村上が感じた瞬間があった。それがオフィスの引っ越しである。

第3期の8月にリブセンスは引っ越しをした。それまでは、早稲田のベンチャーコンテスト優勝の賞品でもあった、インキュベーションオフィスの一角を借りていた。「インキュベーションオフィスが移転することになり、私たちが借りていたオフィスも閉鎖されてしまうことになったんです」

村上は、このオフィスには本当に感謝していると語る。大学側が融通を利かせてくれて、ほかにも遊休スペースを使わせてもらっていたのだ。人が少しずつ増えると、当初のスペースだけでなく、隣のスペースを使うことも許可してくれた。

村上はまだ大学4年生だった。そこで、大学に近い高田馬場でオフィスを探すことにした。

第3期といえば、月商が軽く1000万円を超えている時期だったが、村上は相変わらず慎重だった。できるだけ安い、自分たちの身の丈に合ったオフィスを探したいと考えていた。一時期は、インキュベーションセンターと一緒に引っ越すことも検討したくらい、ケチケチだったのである。

ところが、高校時代に知り合い、起業後も何かとアドバイスをしてもらっていた50代の舞台美術のアーチストから、お叱りを受けてしまう。

「美術のプロですから、内装をお願いしようと相談したら、今いる人数でギリギリの狭いオフィスを借りるな、**これから会社は成長して人数も増えていくから、広いところを借りておかないと絶対に後悔するぞ、**と叱られました」

そして、40坪のオフィスを見つけた。25人ほどの執務スペースに加え、会議室も作った。当時の人員からすれば、あまりに大きなオフィスである。

「もうひとつもらったアドバイスが、デスクや什器も中途半端な安っぽいものは買うな、でした。お前らの会社はでかくなるんだから、将来もずっと使えるものを買いなさい、と」

2008年にインキュベーションセンターを出て高田馬場にオフィスを構えた。創業時とは大きく異なり、イスなどの什器は洗練されている。このオフィスもあっという間に手狭になってしまった。現在は渋谷区に移転している。

実際、村上にインタビューしたとき、会議室の革張りのチェアは驚くほど重厚だった。ベンチャー企業にしては珍しい。上場後に購入したのかと思ったら、このとき買ったものだという。

「このイスは1脚30万円なんです。会議室に8つ必要だったので、これだけで240万円。創業直後の資金が苦しかった時代を忘れられなくて、このときも、できるだけお金を使わないで引っ越しをしたいと思っていましたから、びっくりしてしまいました。でも、いうことを聞かないとダメな雰囲気で（笑）。結果的には良かったと思ってはいますが、やっぱり高いなという印象は変わっていません」

創業期の資金窮乏の恐怖は、メンバーの間にも強く残っていた。インキュベーションセンターが移るならついていこうという意見に賛成していたくらいだ。だが、そうしなかったことは正解だった。

「普通に考えれば、採用面も含めて、そろそろしっかりしたオフィスを構えてもいい時期だったんです。面接に来てもらうのに、いつまでも大学のインキュベーションセンターでは問題ですよね」

引っ越しによるメリットはもうひとつあった。オフィスが替わり、働くみんなの意識が変わっていったのである。大学のサークルのような雰囲気から、会社らしい雰囲気になった。

「大きな変化だったと思います。それまでは、社内でポテトチップスを食べながら仕事をしたり、仮眠を取ったりすることも自由でしたが、これからはもうやめようと」

社員が2桁を超えるころには、創業メンバーからも「会社になってきたね」という言葉が飛び出すようになった。なお、現在は、さらに引っ越しをして、オフィスは渋谷区にある。

アルバイトでも評価する。役員を超える報酬でもいい

一方で、人数が増えてくることによる難しさも出てきた。

これまではすべて村上がチェックしていたようなことも、だんだんと人に任せるようになり、業務の品質が落ちたのではないかと思えることがあったのだ。

「以前は、組織図もなくて、暗黙の了解みたいなものがだんだん増えていきました。定例会議のようなものもありませんでした。必要があれば、その場で話し合って、最終的には社長の私が決める、みたいな感じで」

だが、20人を超える規模になると、それではうまくいかないことも増えてきた。

「やっぱり人が増えたことで、組織図を作らなければと感じました。上場するならそのほうがいいともいわれて。それで、暗黙の了解にしていたものを整理して、マネージャー職なども作り、小さいながらも、きっちり組織にしたんです」

そうなると、責任が明確になる。仕事の品質についても、間に入っている社員の責任を問える。村上はなるべく社員に直接いわずに、上司にあたる人にいうことにした。

「実はかなりイライラしていた時期でした。もっとこうやろうよと社員に直接いいたいんですが、そうすると間に入っている人に申し訳ないですから」

ちなみに、年上の社員を採用し、年上の部下ばかりになった村上だが、会社ではとてもフランクだったようである。社員は基本的に「さん」づけで呼ぶ。年齢を意識することはほとんどなかった。

また、年下の社長として、社員をどう評価するか、誰を抜擢するかについて頭を悩ませたのかと思いきや、そうでもなかったらしい。

「第3期くらいから、リブセンスの名前が少しずつ知られるようになって、ベンチャー企業の経営者に知り合いができるようになりました。経営者に会うと、私はすぐ仕事をどうやって進めているか聞いてしまうんです。評価や昇進についても、どうやって決めているのかストレートに訊ねていました」

昇進や給料について、社内でおかしな声が上がることはなかった。もとより、村上たち役員に、権力欲や金銭欲のようなギラギラ感がまるでないのである。

例えば、第2期の半ばから、営業アルバイトは成果報酬の給与支払いにしていた。上限はあるものの、頑張れば頑張っただけ給料が上がっていく仕組みだ。

「中には、社員の給料はもちろん、役員の給料を超えてしまう学生アルバイトもいました」

おかしなプライドがあれば、学生アルバイトが自分たちよりももらうなんてありえないと思うかもしれない。だが、村上たちには、そういう意識がまったくなかった。頑張ったら評価してあげたい。役員を超える報酬をもらっても構わない。そういう空気が社内にもすっかり浸透していた。

「組織が大きくなるにつれ、社員や管理職の評価基準などを明文化するようになりました。マネージャー選びの基準は、ビジネスがしっかりわかっていることと、部下を任せられることですね」

ほかにも、リブセンスらしい人材の評価軸がある。

「**仕組みが作れることです**。例えば営業であれば、たくさん訪問したということよりも、仕組みを作れることを重視します。ただ、新しい仕組みが作れる人は、そう多くはない」

リブセンスには今でも「営業部」はない。営業にコストをかけすぎるよりも、コストを下げて顧客に低価格でサービスを提供したいと考えているからだ。

その代わりに力を入れているのは開発だ。社員のほぼ半分がエンジニアである。

村上は、社員と直接コミュニケーションをとる機会も積極的に作る。

「ランチをしたり、飲みに行ったり、会議に参加して社員を見たりもします」

社会人として働いた経験がなく起業した村上だが、マネジメントで困ったことは、あまりなかったようである。採用した社員がすぐに退職してしまったこともない。

「ビジネスの仕組みがきれいに回るようにすれば、社員が頑張れば頑張っただけ収益が自然にあがる体制になります。そうすれば、社員も安心して働くことができるのだと思っています」

リブセンスは、毎日、朝礼で始まる。その日誕生日を迎える社員がいると、その場でプレゼントが手渡される。社員にとっては居心地がいいようだ。経済ニュース番組でVTRに登場した女子社員は、「臆することなく、しっかり提案できる環境です」と語っていた。

ケチケチ経営の原点は自分の金銭感覚

オフィスを移転したタイミングで、またベンチャーキャピタルの訪問が増えた。業界内で、リブセンスがかなり成長しているらしいという話を聞きつけてきたのだ。

だが、村上はこのときも断っている。

「正直なところ、すべて断ろうという結論になりました。受け入れるメリットもあったのかもしれませんが、デメリットもあった。それなら入れないほうがいいだろうと」

結局、外部から資金を入れることなく、村上たちは上場に突き進むことになる。そしてオフィスを引っ越した第3期には、増資をしている。

「資本金300万円でスタートしたんですが、会社としてもっとしっかりとした雰囲気を出すために、1500万円くらいにしておいたほうがいいんじゃないか、という話になったんです」

全員が同じ比率で増資分を出し合った。

「税理士さんに相談をしたんです。そうしたら、こういうスキームはどうかな、と提案してくだいました。業績が上がり始めたので、資本の増資を踏まえて給料をちょっと多めにもらって積み立てておき、それを新たな資本にあてる。なるほど、と思って、そのアイディアを受け入れました」

売り上げが急伸しても、自分たちの給料が上がっても、実のところ村上の慎重さは変わらなかった。

「本当に相変わらずのケチケチでしたね。サーバーを増やしたり、リスティング広告を打ったりと、必要と思えるものには投資をしましたが、それ以外は、本当にケチケチで」

サイトリニューアルを記念して初めて行った高級焼肉も、オフィスを移転したころには行かなくなってしまった。

私が取材した多くのベンチャー経営者がこんなことを語っていた。事業が拡大するにつれて人員が増えると、当たり前のことだが、ランニングコストも増えていく。そして、実際に毎月出て行くお金の額を見ると、相当な緊張感が生まれるのだという。

村上はもともと、まっとうな金銭感覚を持っていた。会社を経営し、社員を雇うようになって、さらにその堅実さに磨きがかかったようだ。

「考えてみれば、子どものころからそんなにお金を使ってないんですね。個人として特に欲しいモノはないです。そもそも**買い物が苦手**で（笑）。疲れちゃうんですよ」

今では、買い物はほぼネットで済ますという。

ブランド商品にも、まったく関心はないと語る。

「今の若い人は、かつてよりもブランドに関心がないと思います。時計にしても、バッグにしても、機能性のほうが大事という人は多い。ブランドものを持っているからといって、自分が大きく見せられるとはまったく思いません」

村上は、同じものを長く使う。あまりにバッグがボロボロだったので、役員に怒られたことがあるという。

こうした金銭感覚は、家庭環境や彼の世代が置かれた状況によって培われたものだ。これが、堅実に成長を続けるリブセンスの土台を作っているのかもしれない。

競合が現れてもあわてず求人数1位を達成

急成長を遂げるリブセンスは、人材採用の業界で注目を集めていった。同業他社の中には、広告主をとられたところもあっただろう。

やはりというべきか、「成果報酬型」「採用祝い金」というモデルを採用するサイトがほかに出てきた。大資本の企業も子会社を設立して参入してくる。

「あっという間に同じようなモデルを採用する競合が増えて、合わせると100社くらいになりました。ただ、それでも負けないぞという雰囲気が社内にはありました」

第1章で書いたように、リブセンスには「先行者利益」と「ノウハウの蓄積」という強みがあった。

村上は営業を強化するにあたり、新規開拓のみならず、既存顧客のフォローにもしっかり力を入れていた。そのおかげで、広告主がライバルにそれほど流れなかったのである。

また、ビジネスモデルを真似したからといって、そう簡単に事業が立ち上げられるわけではなかった。

「私たちだって、ほぼ1年間苦しんだわけです。広告主を見つけることも大変ですが、簡単に利用者を集めることもできないと思っていました」

先にも書いたが、しょせんは学生起業、きっと自分たちがやれば、あっという間に追い抜けるだろうという驕《おご》りが、後発のサイトにはあったのではないか。でなければ、

100社ものライバルが簡単に参入するとは考えられない。

「でも、実際にやってみて、大変さがわかっていただけたのではないかと思います」

創業時から利用してもらう人たちに喜んでもらうことだけを考えてサイトを作り上げてきた。儲かりそうだから、と軽い気持ちで参入してくる競合に対しては、怖さはあまり感じなかったのだろう。

「ほかのサービスと比べても、ずば抜けていい。**私が店長でも、アルバイトを探している学生でも、絶対にこのサイトを使う**。そう思えるサービスを作りたいと思ってきましたから」

だが、競合の登場が、リブセンスの成長を鈍化させたのも、事実かもしれない。第2期から第3期にかけては売り上げが4倍以上に伸びたが、第3期から第4期にかけては、2倍弱の伸びにとどまった（第4期の売り上げは5億7322万円）。

「もちろん苦しさはあったんですが、絶対に勝てるという思いはずっと持っていました。求人数も、その時期には業界1位になりつつありました」

第5期の売り上げは6億3720万円と、伸びはさらに鈍化したが村上は心配していなかった。なぜなら、次々と立ち上がった新規事業が伸びていたからだ。そのおかげで、第6期の売り上げは11億3450万円と、再び飛躍的な成長を実現させている。

苦しい新規プロジェクトがリーダーを育てた

ジョブセンスに続く新規事業として立ち上がったのは、同じ「成功型報酬」「採用祝い金」のシステムで正社員を採用する「ジョブセンスリンク」だった。第3期の2008年5月のことだ。自分たちが社員を採用したことがこの事業を始めるきっかけとなった。自分たちのニーズからビジネスを発想したのだ。

プロジェクトを率いたのは、村上の同級生でリブセンスに入社した社員だ。だが、事業はスタートしたものの、軌道に乗るまでにはかなりの時間が必要だった。

「成功報酬型と祝い金のモデルは、正社員採用でも絶対に機能すると思っていました。広告主の払う手数料は、現在年収の10％になっています。通常、人材紹介サービスにお願いすると30％程度が相場ですから、成功報酬で10％というのは大きな魅力です。ほかのサービスでは、採用できなくても広告費用は発生しますから」

だが、大きな壁があった。営業だ。アルバイト採用では、全国の店舗を管轄している本部に営業をし、契約ができれば一気に数十店舗、数百店舗の求人をジョブセンスが獲得することができた。ところが、正社員の場合はそうはいかない。基本的に1社につき、数人程度しか求人がないからだ。

「アルバイトも同じですが、求人数が少なければ、仕事を探している人にとっては魅力にならない。いくら採用祝い金があっても、いい求人がなければサイトに人はきません」

リブセンスの営業担当者の数は少なく、他社のような人海戦術はできない。

そしてもうひとつのハードルが、求人広告の制作だった。アルバイトと異なり、正社員としての入社は一生を左右するものだ。その決断を、給料などの条件だけで決める人はほとんどいない。求人広告を制作して会社の魅力を伝えていくというのが、これまでの正社員採用メディアの常道だった。

だが、リブセンスには広告の制作部隊はない。

「広告は無料で掲載するわけですから、その時点ではなるべく費用を発生させたくないんです。どうやって広告を制作するかが大きな課題でした」

プロジェクトに村上はほとんどノータッチだった。サイトは立ち上がったが、求人も利用者もなかなか集まらない。苦戦は1年以上に及んだ。

「でも、こういう苦しい期間を体験することは、大きな意味があると思っています。

ましてや担当していた社員は、**ジョブセンスが急成長していく隣で、プロジェクトメンバーだった部下と2人で、ずっと厳しい状況を経験していたんです。**これは人間を成長させます」

転機は、村上がいつも強調する「仕組み」をかたちにしたことにあった。どこに不便があり、どうすれば不満を持っている人を満足させられるのか。それを解決する仕組みを作ることができたのである。

この仕組みについては企業秘密のため詳しく書くことはできないが、何よりジョブセンスリンクには大きな強みがあった。広告費が無料なのだ。

企業にとって、無料でジョブセンスリンクに求人広告を出せるというのは魅力的に映ったようだ。

もうひとつの課題だった広告の制作もクリアできた。在宅ワーカーの活用だ。広告制作のスキルを持ちながら、今は家庭に入っている人たちのネットワークと協力する仕組みを作った。取材から広告文面の制作までを任せるのである。

ジョブセンスリンクはこうした仕組みにより、ここ2年ほどで求人数が一気に10倍以上に増えた。急激な成長である。

そしてプロジェクトを率いていた社員は現在、本部長として求人情報メディアの事業部門を率いている。苦しい時期を乗り越えたからこそ、リーダーとして成長することができたのだ。

不動産の分野でも自分の感じた不便を解消する

続く新規事業は、不動産賃貸情報サイトの「DOOR賃貸」だ。人材採用とは異なる分野である。だが、この事業もまた、自身の経験から生まれることになった。

きっかけは、村上が家を引っ越したことだった。村上は起業後しばらくして実家を出て一人暮らしを始め、オフィスの引っ越し時に合わせて自宅を転居したのだが、その際に物件探しで不便を感じたというのである。

「私の年代は、ネットの不動産サイトで探すのが当たり前です。ところが、検索してみると、同じサイトで同じ物件が何回も出てくるんです。どうしてこんなにダブっているんだろうと思いました」

賃貸物件の情報は、複数の不動産仲介会社で共有している。ひとつの物件を複数の仲介会社が扱っているため、サイトには同じ物件が何回も出てくるのである。

「ほかにも、複数のサイトを見ないといけないのも面倒だと思いました。すべての情報がひとつにまとめられたサイトがあったらいいのにな、と」

自分が感じた不満から新規事業は始まったのだ。このプロジェクトは村上が主導している。監査役が不動産業界に詳しかったので、人を紹介してもらった。

地元の小さな不動産会社をひとつひとつ営業して回るのにはマンパワーが必要なので難しい。そこで村上は、膨大な物件情報を持っている大手にアプローチした。DOOR賃貸には、今や200万件近い物件情報が掲載されている。ビジネスモデルはこうだ。

仲介会社が提供する物件情報を受け取り、ジョブセンス側で重複しているものをひとつにまとめ、連絡先の仲介会社として2社を選定する。ユーザーが物件を見て、問い合わせをしたときに、成功報酬として手数料が発生する。

「費用の値付けがなかなか難しいところでしたが、双方で納得できる額に設定しました」

だが、これだけ膨大な物件データを管理するとなると、システム面は難しくなかったのだろうか。

「仲介会社さんの基幹システムとつないで全データをもらえる仕組みを作りました。

おそらくそうできるという見込みを持って提案に行ったんです」

利用者にとっては、物件の重複がなく、掲載されている件数が多いのはもちろんうれしい。さらに、**入居が決定すれば最高3万円の祝い金までもらえる**のである。

みんなが満足できるものを作るという姿勢が、ここでも貫かれている。

新規事業のヒントは〝既存のモデルの組み合わせ〟

ほかにも、派遣求人サイトの「ジョブセンス派遣」や、それぞれのサービスのモバイル版などに取り組んできた。

最近立ち上げたのが中古車情報サイト「Mortors‐net」である。

中古車情報ビジネスはすでに競合がたくさんあるが、これまた本当に利用者が満足できているかと疑問に思ったのだそうだ。

「通常の中古車情報サイトは、広告費用を支払って掲載しています。そのため、販売会社が持っている中古車をすべて出すことはできないんです」

だが、単純に成功報酬型で広告を掲載すればいいのかというと、そうではなかった。

「中古車の情報というのは、掲載する手間がけっこう大変なんです。写真を撮ったり、いろいろなデータを入力しなければなりません」

村上が思いついたのは、学生時代に考えた「逆求人」の仕組みである。利用者が欲しい車種の情報を登録し、販売会社が該当する中古車を提供するのである。

ただ、残念ながら、現時点ではこの中古車の新規事業が軌道に乗っているとはいえないそうだ。

「中古車サイトを訪れる人は、買いたい車が必ずしもはっきりしているわけではなかったり、たくさん車が並んでいるのを眺めているだけで楽しかったりする。どうすれば、いろんなニーズを満たせる仕組みができるのか模索を続けているところです」

新規事業のプロジェクトはほかにもいろいろと進んでいる。

中には、**学生アルバイトがスタートさせたものもある**。その学生は、そのまま入社して、現在はプロジェクトリーダーになった。

年齢に関係なく、チャンスがあれば新規事業に携わることができるのがリブセンスである。

では、新しいビジネスを作り上げていくためには、どんな能力が必要になると村上は考えているのか。

「事業がうまくいくためには、新しい仕組みが必要になります。新しい仕組みを作るためには、**既存の仕組み**をどのくらい知っているかがカギになります」

アイディアはゼロから生まれるわけではない。既存のものの組み合わせから生まれるのである。それと同じように、仕組みも既存のものの組み合わせから作ることができるという。

「新しいビジネスモデルは、古いものの焼き直しであったりすることが多い。だから、既存のビジネスモデルやセオリーをたくさん知っておくことが重要です」

例えば、インクジェットプリンタはなぜあれほど安いのか。それは、消耗品のインクカートリッジで稼ぐモデルだから。

飲食店でメニューに4つのランチセットが横書きで並んでいたら、一番選ばれにくいのはどれか。答えは、一番下。

こうした知識があれば、それらを組み合わせて新しい仕組みを考えていくことができるというのである。

そして、ビジネスに興味を持つことが何より大切だと村上は考えている。

「コンビニにふらっと立ち寄っても、商品などについて、どうしてこうなんだろうと関心を持つ人と、何も感じない人とでは、大きな違いがあります」

どうしてコンビニのレジの横に小型チョコレートが売られているのか。お菓子の原料の価格が上がっても、量を減らして値段を変えずに売ることもある……。

そういうことを面白がることがビジネスにつながっていく。

「中学生や高校生だってそういう話は面白いですよね。身近なところからビジネスに興味を持ってもらえるはずなのに、なかなか機会がない」

社員に身近なところからビジネスについて考える癖をつけてもらうために、リブセンスでは社内メルマガに取り組んでいる。

メルマガの情報源は、村上がネットで情報収集に活用しているRSS（Really Simple Syndication）である。RSSとは、ニュースサイトやブログなどの更新情報を配信するものだ。RSSで収集する記事は、週に1000件を超えるという。すべての記事の見出しに目を通し、150件ほどは中身をしっかり読む。

「毎週土曜日にこれをやります。まとめてインプットしておいて、火曜日に配信している社内用のメールマガジンでアウトプットするんです」

メルマガでは、RSSで見つけた記事を紹介し、それに対する感想を書く。そのほかにも、その週に実装した機能や、新しく入ってきた社員との一問一答などを社員に向けて発信している。

村上が選んだ記事には、新聞や雑誌などとは一味違うものも含まれている。例えば、「鶏を絞めるワークショップ」の模様を紹介したあるブログの記事は、ビジネスには直接関係はない。

だが、目の前で鶏の首をはね、その肉を食べることを通じて命とは何かを学べることができるワークショップに参加する人がいるということが、新しい視点を提供してくれる。村上はそう語っていた。

第6章

最年少上場社長は
どう育ったか

ごく普通の家庭で
ごく普通に育てられる

最年少上場記録を更新した村上という人物は、どんなふうに育てられてきたのだろうか。

もはや、大企業に就職しても安定した生活が送れるとは限らない時代である。子どもを育てる親は、自分の子どもにどんな技能を身に付けさせれば将来役に立つのか、と悩む。

どのように育て、どのような進路を歩ませればいいのか。

実のところ、はっきりとした正解はない。

かつては、有名な大学に入学できれば将来は安泰だと考えられていた。ところが今や、大学卒業生の就職率は落ち込み、名の知れた企業から内定がもらえる人は限られている。

また、スポーツなどほかの道を進んでも、成功するのはごく一握りだ。

若者の働く場が不足する一方で、起業が注目を集めている。既存の企業ではなく、若いスタートアップが社会に新たなイノベーションを生み出すことを期待して、メディアなどでは特集が組まれることが多い。

そのため、最年少上場社長となった村上がどのように育ってきたのかに興味を持つ人は多いだろう。何か特別な英才教育を受けてきたのか。起業家を多く輩出するアメリカの大学に留学したのではないか。どのような家庭環境だったのか。

私も、子どもを持つ親として、彼が育った環境について、詳しく聞いてみたいと思っていた。

そしてわかったのは、村上太一は、**ごく普通の家庭で、ごく普通に育てられた**ということである。

村上は東京の大田区に生まれている。準大手建設会社に勤務していた父親、専業主婦の母親、2人の姉の5人家族だった。ごく普通のサラリーマン家庭である。

小学校は、地元の公立小学校に通った。子ども時代のことはあまり覚えていないという村上だが、唯一、印象深く覚えていることがある。それは、小学校4年生まで、半袖、短パン、靴下なしで過ごしていたことだという。

「幼稚園でも小学校でも、雨の日も雪の日も、その格好でした。どうしてかはよく覚えていないのですが、物心ついたときにはその格好だったんです」

ただ、この格好を村上が誇らしげに思っていたのかといえば、そうでもないらしい。

「やっぱり学校でも浮いているわけです。ちょっと恥ずかしいな、という思いがなかったわけではありません。でも、その一方で、みんなと違うことをしていてもいいんだ、ということに気が付きました。普通と違っていい、恥ずかしいからといって直さなくていい、ほかの人と同じように行動しなくてもいいんだ、ということを学んだ気がします」

両親は村上に何か特別な英才教育を施すことはなかった。ただ、幼いころに、ほかの人と同じように振舞えと教えることはなかった。自分で考え、自分で選択するように促した。実際、両親は村上のさまざまな選択を応援している。

「何かに夢中になったら、とことん集中してやる子どもだったみたいです。幼稚園のとき、工作でやった機織《はたお》りにハマりました。みんなは5枚くらい作っておしまい。でも私だけ30枚くらいひたすら織り続けたんです。飽きない性格なんですね。こうと決めたら投げ出すのが嫌いなのかもしれません。このとき、母親が毛糸をたくさん買ってきてくれたのを覚えています」

小学校では、ゴム鉄砲づくりに夢中になった。どうすれば遠く飛ばせるか、設計をいろいろと考えた。

「何かを作るのは好きでしたね。しかも、やるなら徹底的にやる。ゴム鉄砲の応用で弓矢は作れないかと思って、糸の代わりにゴムを使った弓矢を作りました。思いのほか強力で、撃ってみたら網戸を突き抜けてしまったんです（笑）」

村上の興味や関心が伸びるよう、両親は心を配ってくれていたようである。

「親が仕向けたというわけではないんです。でも、飛行機のキットを買いに父と東急ハンズに行ったことがありました。一緒に作って飛ばしたんです。私が興味を持ちそうなものに触れる環境を自然と作ってくれていたのかもしれませんね」

身近にいた2人の祖父の影響でビジネスに興味を持つ

村上の父親は、建設会社で営業をしていた。母親は、会計事務所勤務を経て、家庭に入っている。これだと、起業とはあまり縁のない家庭環境に思える。

身近な経営者といえば、2人の祖父の存在がある。村上の父方の祖父は、東証一部に上場している運輸会社の代表取締役専務を務めていた。しかも、幹部候補として入社した大卒者ではなく、高卒でたたき上げてナンバー2になった人物だった（村上の高校時代に故人になっている)。母方の祖母は、四国松山で版画の三幸という画廊を経営しており、今も健在だ。

雑誌等のインタビューでは、この両祖父に大きな影響を受けて、将来、経営者を目指すことを決めた、と書かれていることもある。実際は、そこまで決定的な影響を受けたわけではないらしい。村上はこう語る。

「例えば、幼いころから身近に政治家がいなければ、いきなり政治家を志すことはあまりないと思うんです。**身近に経営者がいれば、経営者を志す心理的なハードルが下がりますよね**。社長になることが、自然と選択肢に入るということです」

子どものころに、会社を経営している人と接する機会があったために、ビジネスというものが、自然と身近なものに感じられたのだろう。

村上が見た2人の祖父の姿は、それだけで彼の人生を変えてしまうほど衝撃的なものではなかったようだが、興味の対象にはなった。

「実家の近くに住んでいた父方の祖父母とは、よく週末に買い物に行きました。渋谷の東急百貨店がいつものコースです。今でも覚えているのが地下にあるパン屋さん。職人さんがパンを作っているのを眺めていると、パンがもらえるんです。これがうれしくて」

デパートを出ると、うどんを食べ、実家近くの多摩川沿いを散歩する。祖父とどんな言葉を交わしたのかは、あまりはっきりとは覚えていない。ただ、新聞の人事異動欄に祖父の名前を見つけてうれしかったことは今でも覚えているという。

母方の祖父は、松山に帰省の折に、その仕事ぶりを垣間見ることになった。

「1階が画廊のお店になっていて、2階に従業員の事務所がありました。なるほど、お店はこういうふうになっているんだ、社長というのはこうやって従業員と接したりしているんだ、と子ども心に思いましたね」

実際に祖父が顧客とどんな話をしているのかを聞かせてもらったことがある。

「絵がいかにすばらしいものであるか、お客さまに話をする。絵があるだけでどんなに生活が変わるか、自分たちはそのお手伝いをしたくてやっているんだ、と」

祖父は楽しそうにそんな話をした。村上は、「なるほど、仕事というのは、楽しいものなんだな」と感じた。ビジネスや経営というものは、どうやら面白いもののようだ。そんな感覚を、小学生時代に持つようになったのである。

そして、後の村上に欠かすことができなくなるツールであるパソコンを買ってくれたのも、母方の祖父だった。

「これからの時代はパソコンだぞ、と両親に25万円をポンと渡して、買ってやれといったのだそうです。ちょうどウィンドウズ95が出たころでした。家族と家電量販店に行って、パソコンを選んだのを覚えていますね」

サンリオのキャラクターの面白そうなゲームがあるという理由で、パソコンは富士通の「FMV」に決まった。これが、初めて出会ったパソコンだった。小学校3年生のときである。

小さいころから大人と接し、物怖《ものお》じしない若者になった

村上は学生時代に起業をしている。今はベンチャーブームではないが、早稲田や慶応、東大などの名門大学の在学中に起業する若者は多い。

世界に目を向けるとどうだろう。アメリカでは、グーグルの創業者はスタンフォード大学の在学中に起業し、フェイスブックの創業者はハーバード大学の在学中に起業している。やはり、在学中に起業する学生はたくさんいる。

こうした名門校を含め、アメリカの大学や大学院に進学する日本人は実は多い。ハーバード大学やハーバード・ビジネス・スクールのようなトップ校に進む日本の若者

は減っているという報道があったが、アメリカの大学・大学院全体で見ると、日本人の留学生は増えているそうだ。

日本の高校を卒業して海外の大学に進学する若者も増えている。少子高齢化が進み、景気の停滞が続く日本で学ぶよりも、将来役に立つと考える親も多いのだろう。

だが、村上は、そのような進路を取らなかった。早稲田大学の付属高校から早稲田大学に進み、1年生のときに起業している。

村上の両親は、自分の子どもを留学させるようなことはしなかった。その代わりに、別の方法で彼をサポートした。村上から話を聞いてみると、その方法というのが、まさに、子育てをしている親ならば誰でも参考になるものだと感心した。

例えば、大学生1年生のときにリブセンスを起業した村上は、当初はほぼひとりで営業を担当している。アルバイトが必要な大手飲食チェーンなどの採用担当者のところへ行き、自分たちのサイトの説明をする。大人の社会人と学生時代からコミュニケーションを交わす必要があったわけだが、まったく物怖じすることはなかった。

実はこれには、子ども時代の経験が大きかったようだ。親以外の大人と接する機会をたくさん持たせてもらっていたのである。

私は、大学生を採用する企業の人事担当者に数多くのインタビューをしている。興味深いことに、面接がうまくいく学生とうまくいかない学生の間に、意外な違いがあるのだという。大人と会話する機会の多かった学生ほど、面接で自分の考えをきちんと伝えられるというのである。

一流の大学に入り、成績もとてもいいのだが、面接官の目を見て話すことができないという学生が、実は少なくない。これでは、残念ながら面接をパスすることは難しい。親も含めて、大人と正面から向き合ってコミュニケーションをしてきた経験が多い学生は、このようなことがないそうだ。

子どものころからサマースクールや企業・大学が主催するイベントなどを通じて、積極的に大人と関わってきた学生は、面接で社会人を目の前にしても物怖じすることがない。いつもと同じように話ができる。面接官にとって好感度が高くなるのはいうまでもない。

面接では、印象が極めて重要だ。もしかすると、完璧な面接問答を作るよりも、物怖じしないで社会人と接することができるほうが、はるかに有利かもしれない。最近では、後々の就職活動などで役立つようにと、我が子を大人との交流の場に連れてくる親もいる。

村上に聞いて驚いたのは、父親がどこまで意識していたかはわからないとはいうが、

自分の息子が小さいころから大人の世界に連れて行っていたことだ。

「たぶん接待だったと思うんですが、仕事でつながりのある人たちと釣りに行くとき、私も一緒に連れて行ってくれたんです。小学校3年生くらいからですね。東京湾の乗り合い船で海釣りに行きました」

小学生が大人に混じって釣りをしていれば、かわいがられる。礼儀正しくしていれば、相手の印象は悪くない。

釣りの楽しさも教えてもらった。月に一度は行っていたという。

「釣りはとても楽しいと思いました。待って、待って、待ち続けて、ようやく引きが来て、大物を釣ったときは、アドレナリンが出るような気持ちよさ。まわりの大人も喜んでくれてうれしかった。中学に入ってからは、友達と一緒に釣りに行ったりするようにもなりました」

母親から教わったビジネスセンス

一方、母親も起業に大きな影響を及ぼしている。村上がビジネスや経営に興味がありそうだと気づいた母親は、『ガイアの夜明け』や『プロジェクトX』『ワールドビジネスサテライト』などの経済番組を、一緒に見るよう勧めてくれたというのである。実際にビジネスに従事している父親ではなく、母親というところがポイントだ。

「一緒に買い物に行ったりすると、母がビジネス的な思考をしていたりすることがわかります。そういう姿を目にできる機会は父親よりも多いですよね。例えば、スーパーで砂糖が安売りされていて、一見するとA店よりB店のほうが安いけれども、実はグラム数が違ったりする。グラムで割って計算すると、A店のほうが安いことがある。といったことを教えてもらって、なるほどなと思いました」

もしかしたら、かつて母親が会計事務所に勤務していたことも関係しているのかもしれない。飲食店に行っても、ランチメニューのセットとセットでないメニューとでは、どれくらい違うかを考える。餃子セットを2つ頼んだほうが、餃子1個当たりどれくらい安くなるか。そんな視点も教わったという。

「なんといっても衝撃を受けたのは、テレビ番組でした。スーパーやデパートで売られている商品というのは、こんなふうにして開発され、売られているんだ。こんな意外な方法でプロモーションされているんだ。そんな裏話が、ものすごく面白かった。いずれ自分でもそういうことをやってみたい、と思いましたね。子ども心に、自分ならもっとうまくやれるぞ、とも思ったりして（笑）」

母親からはほかにもさまざまな影響を受けている。村上は料理が好きで、小さいころからよく母親の手伝いをしていた。

「料理にはいろんな作業がありますよね。それを効率良くやるためには、野菜を切る一方でお湯を沸かしておくとか、後でうまく炒めるために素材を半分調理しておくとか、そういった段取りが必要になる。**段取りを考えて料理をやりなさい**、と口酸っぱく教えられました」

料理で母親に段取りの重要性について教わった村上は、後に、いろんな場面で段取りの良さを発揮する。

「何をするにしても、どうやれば最も効率が良くなるのかを考えるようになりました。それこそ、小学校のクラスで何かに取り組むときも、どういう順番で何をすれば最も円滑に仕切れるかを想像する。だから、ヘンな話ですけど、**小学校のころから、自分なら誰よりもうまくクラスを仕切れると思っていました**」

料理の腕もだいぶ上がったようである。

「母親に教えてもらって魚をさばけるようになりました。父親と一緒に釣ってきた魚を、自分でさばいて、家族に食べてもらう。釣りたては本当に新鮮ですから、やっぱりおいしいんですよ。家族が喜んでくれたことがうれしかったです」

料理好きが高じて、人に喜んでもらうことのありがたみを感じるようになった。中学生のころには、所属していた野球部へ自分が作ったお菓子を持って行ったという。

「作ったからあげるよ、とお菓子を持って行きました。考えてみたら、中学男子がお菓子を作って持って行くのはヘンかもしれないですが、みんなけっこう喜んでくれました。とにかく、相手に喜んでもらえるのが、すごく好きだったんです」

相手が喜ぶことをしよう、というのは、後のリブセンスの理念にもつながっていく。こうした子ども時代の体験こそ、実は村上の原点なのかもしれない。

「やれ」といわれてもやりたくないことはやらない

いろんな刺激に満ちた子ども時代を過ごした村上だが、実は挫折も経験している。小学校5年生から塾に行き、中学受験に挑んだのだが、結果は芳《かんば》しいものにはならなかった。

受験は本人が希望したわけではない。姉2人が私立の中学に行っていたこともあって、ならば長男も、と両親が考えてのことだったらしい。

「正直、あまりやりたくなかったんでしょうね。やらされていたという感じです。だから、苦痛でしかなかった。算数だけは楽しかったです。パズルを解くみたいな感覚だったから。でも、それ以外はあんまりちゃんとやりませんでしたから、塾の先生にも勉強をしていなかったことがばれてしまっていたみたいです」

第一志望には不合格。ほかの試験もあるといわれたが、もう受けなかった。そのまま地元の公立中学に行くことを決めた。

「そのときにはっきりわかったのは、**自分が〝やらされる〟のは絶対に嫌なタイプだということです**。両親からは、勉強しなさいと厳しくいわれていました。でも、いわれてもモチベーションが沸いてこない。いわれることで、できるようになる人もいると思うんですが、私はそういうタイプじゃないんです。それを自覚するようになりました」

だが、この挫折が後に尾を引いたのかといえば、むしろ逆だった。私立中学の受験の準備をしていながら公立中学に入ったので、まわりよりも勉強に関しては一歩先んじることができたのである。

運動もそれなりに自信を持っていた村上は、野球部に入る。テニスプレーヤーだった父親の影響でテニスに憧れていたが、残念なことに入学した中学では男子テニス部がなかった。

当時の花形だったサッカー部と迷ったが、野球部に決めた。

「野球部のほうがたくさん人がいたことと、まじめな人が多いような印象だったことが大きかったですね」

中学では、部活にたくさんの時間を費やす。毎日素振りをし、ランニングで汗をかき、白球を追いかけた。私立に進学しても、大学受験のための学習体制の中で過ごさなければならなかったかもしれないことを考えると、公立に進んだことは大正解だったようだ。

定期試験の2週間前から猛烈に勉強するスタイルで、学力は常に学年のトップクラスだった。

クラスでは足の速さでも知られ、リレーの選手に毎回選ばれた。マラソン大会で優勝し、大田区の大会に出たこともある。野球部では、レフトで5番を任された。

文武両道のリーダー少年として心地の良い時間を過ごし、自分への自信を深めることができたという。

負けず嫌いだが、負けを認めるときは認める

村上は中学時代に、自分が負けず嫌いであることに気づいたと語る。

「野球部で毎日走っていたので、長距離走は得意になりました。顧問の先生がとても真面目な人で、生徒に走らせるだけではなくて、自分も走るんです。だから先生を抜くという目標のために走っていました。走っていて思ったのは、長距離は最終的に精神力の勝負だということです。それこそ根性で勝つ。だから、根性だけは絶対に負けないでおこうと思うようになりました」

苦しさにどれだけ耐えられるかが勝負だという。

「ゴールしたら倒れてしまうくらいまで自分を追い込みます。限界のギリギリまで踏ん張るんです」

誰かに教わったわけではない。持って生まれた性格かもしれない。

「弱い自分が嫌でした。もしあきらめてしまったら、負けを認めてしまうことになる。マラソンでは、そのことに気が付きました」

ただ、村上の面白いところは、負けず嫌いなのだが、負けをまったく認めないのかというと、そうでもないのである。優等生で勉強も運動もできて、リーダーシップも発揮できる。みんなから憧れられるような存在でありながら、先に書いたように〝適度な劣等感〟を常に持ち続けていた。

「負けるのは本当に悔しいんですが、すべてに勝つことはできない、というのも事実です。2週間みっちり勉強しても、学年で1位を取ることはできませんでした。ところが、そこまで勉強しなくても、1位を取った人もいたんです」

野球部では、レフトで5番の中心選手だったが、エースで4番だったわけではない。**負けず嫌いというだけでは世の中を渡っていくことはできないのだ。**

その折り合いの付け方を、中学で学んだのだという。だからこそ、天狗になるようなことはなく、常に謙虚さを持ち合わせていた。

それが村上の大きな魅力であることは、容易に想像できる。実際、同級生はもちろん、目上の人からも、ずいぶん慕われていたようだ。

適度な自信と適度な劣等感。自分を冷静に見つめること。それが、上場してもブレない村上の基礎を作ったようである。

「個性」と「常識」のバランスを間違えない

村上の両親は、自分の子どもに何かを押し付けることはなかった。自分で考え、自分で選択することを支援していた。それこそが、子を持つ多くの親が学ぶべきところだと思う。

父親は、子どもを大人の世界に連れて行った。母親は、一緒にテレビ番組を見たり料理したりしながら、子どもの興味を伸ばしていった。それが村上の起業に影響を与えたことは明らかだ。

だが、おそらく、両親も試行錯誤していたのだろう。親が勧めたものの、中学受験には向いていなかった。また、母親は口酸っぱく「本を読みなさい」といっていたが、子ども時代の村上はあまり本を読まなかった。

子育てに正解などない。辛抱強く見守り、サポートを続けたことが、大学時代の創業へとつながり、花開いたのだ。

実際、両親は、どのくらい意識しながら彼を育ててきたのだろうか。村上に聞いてみたところ、よくわからないという。

むしろ、父親の何気ない一言から〝トラウマ〟が植えつけられたこともあった。

「英語の勉強がなかなかうまくいかなかったとき、ウチの家系は英語のセンスがないから、といわれたことがあったんです。そんなふうにいわれてしまうと、本当にセンスがないんだなと思ってしまう（笑）。親の〝マネジメント〟の観点からいうと、あれは絶対に良くなかった。子どもを伸ばせないわけですから」

村上は英語ができなかったのかといえば、そうでもない。学年ではトップクラスの成績だった。だが、その言葉で、英語には苦手意識ができてしまったのだろう。

両親は成績についてほとんど何もいわなかったという。これは、大変なことだと思う。安易に褒《ほ》めることがプラスにならないと考えたのかもしれない。結果として村上は、自分のことを謙虚に見られるようになったともいえる。

「普通の子だからという認識だったのではないかと思います。父親と一緒にご飯を食べても、褒められたりなんてしませんから」

「お前は特別」ではなく「**お前は普通**」。

最年少上場社長となった人物は、そのように育てられたのである。

冬でも半袖、短パンでいても怒られなかった。それは、「人と違うことをしてもいい」というメッセージだった。「**個性**」を認めるということだ。

だが一方で、普通でいることも求められた。普通とは、「**常識**」を持ち、謙虚でいることを忘れない、ということである。

この「個性」と「常識」を間違えてしまうと、とんでもないことになる。非常識な行動を「これも個性だから」と主張する親は、とても恥ずかしい。

そして村上の進路にも、父親の別の何気ない一言が大きく影響したという。

「中学では成績がいいのかもしれないが、受験はまた違うから、とポツリといわれたんです。これがまた〝トラウマ〟になってしまって（笑）」

村上は、高校の推薦入試を選択する。彼の成績だったら、国立の難関大学を目指す進学校を受験することもあり得た。だが、一発勝負の受験を避け、それまでの努力が実る推薦を選んだのである。

そうして村上は、早稲田大学の付属校である早稲田高等学院に入学する。

先にも書いたよう、この高校の卒業生は、基本的に早稲田大学に進学する。私学の中でも偏差値の高い超人気高だが、一般受験のほかに1～2割を推薦枠が占める。倍率はそれなりに高かったが、内申点も良く、面接もまったく心配はなかった村上は、難なく試験にパスした。

父親がポツリとこぼした言葉がきっかけとなった推薦入試だったが、結果的には、起業の準備をする最良の環境を得られたのである。

第7章

人を幸せにするのは自分のため

最年少で華々しく上場しても冷静でいられる理由

2011年12月7日、リブセンスは東証マザーズへの上場を果たした。

公開価格は990円。公開株式数は75万3000株。売買が成立したのは後場で、株価は1800円。公開価格の約82％高で初値をつけた。

一時はストップ高の2200円まで値を上げた。

公開初日の出来高は226万6600株で、公開株式数の3倍、東証マザーズで第3位、売買代金は1位だった。堂々たる上場だったといっていいだろう。

村上が東証で恒例の鐘を鳴らす場面は、テレビニュースでも放映された。

だが、この上場時、村上は驚くほど冷静だった。

「そうですね。喜びを爆発させたという感じではなかったかもしれません。もちろんうれしかったですよ。**でも、私の〝妄想〟の中では、すでに上場をしてしまっていたんです**」

村上はこの日をすでにイメージしていた。そのために、ITベンチャーのクックパッドが２００９年にマザーズに上場した際、佐野陽光社長が上場記念に東京証券取引所で鐘をつくシーンを見に行き、イメージトレーニングしていたのだ。

「想像するということをものすごく大事にしています。想像したことが現実になると思っているからです」

自分でイメージを作り、イメージを自分の中に植え付ける。それが潜在意識の中から自分を動かすのだという。

村上には年末の恒例行事がある。次の年にどんなことをしたいのかを想像し、それに合うビジュアルを探し出して、パソコン上でイメージマップを作るのだ。

「こんなふうにしていたいとか、こんな会社でありたいとか、こういう事業をしていたい、とか。それらはすべて、ぼんやりとした思いなんですが、それを象徴するような写真や絵を探してきて、それらを一覧に並べる」

目標となる〝数字〟を決め、それに向かって努力する人もいる。だが、村上は、そういうタイプとは少し違う。

「私はイメージが好きなんです。これまでも、イメージし続けたら、それが実現してきました」

難しいことではない。例えば、リブセンスのサイトがＣＭを打っているところをイメージする。こんな合弁会社ができているといいな、と考えてみる。あるいは、オフィスの雰囲気がどんなふうになっているのかを想像してみる。

ただ、興味深いのは、会社をこうしたいというイメージはあっても、**村上自身がどうなっていたいかというイメージがないのである。**こういう生活を送りたい、こんなモノを買いたいという〝欲〟がないのだ。

流行に流されない
賢い20代の登場

インタビューを通じて感じたのは、明らかに上の世代とは感覚が異なるということだ。とりわけ、自分の欲求というものが、驚くほど希薄である印象を受けた。

「健康でいよう、おいしいご飯を食べよう、とは思っていますよ。でも、それ以外は特に望むものがないかもしれません。そもそも、モノに関心がないというか、モノを持ってもうれしくないんです。おじいちゃんから譲《ゆず》り受けた時計は持っていますが、新しい時計を買う必要性も感じません」

かといって、モノをまったく買わないわけではない。

「生きることを支援してくれるものは好きです。電動歯ブラシとか、お掃除ロボットのルンバとか。便利に使っていますよ」

では、何か憧れのようなものはあるのだろうか。憧れの生活や、憧れの人物。

「特にはないですね。最近いいなと思ったのは、プロ野球でソフトバンクが優勝して、オーナーの孫正義さんがビールかけをしていた瞬間でしょうか。あれほど大物の経営者になってもなお、やんちゃに物事を楽しめる。しかも、やっていることのスケールはとんでもなく大きい。あのビールかけには憧れました」

私は1966年生まれで、村上とはちょうど20歳離れている。村上が起業に苦しみ、給料ゼロで働いていた年頃は、浮かれたバブル時代を過ごした。当たり前のように高級車に憧れ、ブランド物に憧れ、高いワインや食事、ホテルといった、贅を尽くしたお金持ちの生活を夢見てきた。

私たちの世代が高価なブランド品を買うときに、その品物の原価がいくらであるかということを考えることはまずない。ブランドの価値は、原価とは関係がないと思っている。だが、村上の世代はそうではない。

「私たちの世代は、基本的に、世の中を疑ってかかっているのかもしれません。ブランドがいいといわれても、本当にそれがいいのか自分で納得しないと、受け入れられない」

もちろん、全員がそうではないだろう。だが、安易に人に流されない若者が増えているることは間違いない。だからこそ、「若者のビール離れ」や「若者のクルマ離れ」などといわれているのかもしれない。

とはいえ、**自分が試してみて良いと思ったものは流行に関係なく利用する**。例えば、2011年11月に東京・代官山にできた「蔦谷書店」のラウンジがお気に入りで、週末の夜によく利用する。「雰囲気が良くて、仕事がはかどる」からだという。

先入観を持って頑《かたく》なに流行りものを拒否するのではなく、柔軟に自分に合うものをチョイスする。自分にとって何に価値があるのかをしっかりと考えることができる若者が増えているのである。

この世代に、誰かが価値観を押しつけようとするのは、難しいのかもしれない。

村上の世代は、物心がついたときから日本はそれなりに豊かであり、一方で経済は伸び悩んでいた。将来への不安が消えることがない状況の中を育ってきた彼らが、それに適応するために、自分の頭で考えるようになったのではなか。

思えば、スポーツの世界でも、政治の世界でも、上の世代とはちょっと違う、ギラギラしていない、スマートな20代が出てきている。

それを考えると、社会はこの世代から大きく変わっていく予感がする。

自分がやりたいことは過去を振り返れば見つかる

〝幸せから生まれる幸せ〟

このリブセンスの経営理念について、さらに掘り下げてみたい。

人を幸せにすることによって、自分たちも幸せになる。ほかの人の満足のために働き、社会に価値を与えよう。この理念には、そういう思いが込められている。

だが、時に壮絶な戦いになるビジネスの世界では、なんとも青臭いメッセージに聞こえてしまう。

経営理念なんてお題目に過ぎないから、きれいごとを書いておけばいいと思う人もいるかもしれない。しかし、村上たちはこの理念をとても大切にしている。

本気でそう思っているのである。

早稲田のベンチャーコンテストのためにビジネスプランを作ったときには、こんな経営理念を書いていた。

・自分の視点からではなく、利用者の視点から物事を考える。
・多くの人が必要とし、便利と感じるサービスを常に提供していく。
・先を見越し、将来を考えた事業を展開する。
・何事も、考えるだけでなく実際に行動を起こす。
・私たちの企業を通じて、人々が快適に暮らすことができる社会を作る。

だが、創業してからしばらくすると、これでは不十分であることに気づいた。

「事業がなかなか軌道に乗らなかった時期に、どうして自分は会社をやっているのか、ひたすら考えました。自分と向き合って、**人生とは何かを突き詰めないと先に進めない気がしたんです**」

当初の経営理念ではなぜ納得できなかったのか。それは、自分が〝**どうしてそれをやりたいのか**〟を言語化できていなかったからである。

「人に喜んでもらうことが子どものころから好きでした。だから、このサービスがあって良かったっていわれるようなものを作りたい。心の底からそう思ったんです」

そのために会社をやっているのだと、自分の中で腑に落ちた。この軸がはっきりとしてからは、自分がブレにくくなったという。

ブレない軸がある人は強い。どうしたらそのような軸を見つけることができるのだろうか。

「私の場合は、過去を振り返って、自分がどんなときに楽しかったのか、どんなときにうれしかったのかをひたすら考えました。そこに、ヒントがあると思っていたんです」

村上は、後にアップルの創業者スティーブ・ジョブズの言葉を聞いて、まさにそうだと納得したという。

「ジョブズは、やりたいことを見つけなさい、そのためのヒントはあなたが歩んできた道を掘り起こせば絶対にある、といっていました」

中学時代、お菓子を作って野球部のみんなにあげた。高校時代、必死になって文化祭を成功させようとがんばった。すべては人を喜ばせたいからだ。

やがて気が付いた。人は幸せになるために生きている。自分にとっての幸せは、相手に喜んでもらうこと、人を幸せにすることで生まれてくるものなのだ、と。

寄付は自分のためにする。人を幸せにするのも自分のため

「人を幸せにしたい」という言葉は美しい。

だが、ともすれば偽善にも映りかねない。

ここ数年、社会起業という言葉がブームになった。営利を追求する民間企業を興すのは、どうにも気が進まない。自分が求めているのは、もっと純粋な世の中への貢献だから、利益を追求しない社会起業にチャレンジしよう。そう考える若者たちも増えてきた。

だが、実際には、社会起業には高いハードルがある。営利を追求せずに、事業や組織を維持していくことは、半端ではない難しさがある。

給料ゼロでずっと働き続けることはできない。スタッフにしても、すべてボランティアでまかなうことはできない。社会起業は、営利を追求する民間企業以上に難しいのである。

実際、アメリカでも日本でも、社会起業を成功させているのは、多くが高い学歴を

持ち、コンサルティング会社などで豊富な経験を積んだスーパーエリートたちである。営利を追求する術をよく理解した人たちだからこそ可能なのだ。

村上の掲げる理念は、社会起業の考え方とよく似ている。だが、彼自身は、社会起業に関心はないという。それよりも、民間企業で得た利益を社会に還元しようと考えている。

「利益を生み出す構造を作ることが大切です。なぜなら、利益が出るということは、その構造が価値を生み出しているからです」

村上は、第2期で、ようやく給料が20万円になったころ、早速バングラディッシュの子どもの里親になっている。東日本大震災のときも寄付をした。

ただ、こうした行為について、彼はとてもドライに捉えている。

「もちろん、誰かの役に立てればうれしいです。でも、寄付はやっぱり自分のためなんだと考えるようにしています。自分の身を削って誰かを助けるのではなく、自分のために、自己実現として、寄付をするんです」

実のところ、〝幸せから生まれる幸せ〟という経営理念も、同様にきれいごとにするつもりはないと語る。

「**自己犠牲的ではなく自己実現的でなければいけないんです**。実際、人を幸せにして自分が幸せになるのは、自分のためだからです」

自己犠牲的なスタンスでいることには、弱点がある。自分が社会のために行動しても評価されなかったとき、「これだけしてあげたのに……」という卑屈な気持ちになってしまう。

だが、自己実現的なスタンスで行動すれば、他人の評価は気にならない。自分のためにやったことだからである。

人の幸せのためだから人は頑張れる

〝幸せから生まれる幸せ〟

この理念には、もうひとつ側面がある。

ほかの人を幸せにするために働くと、人間は自分の力以上に頑張れるのだ。

村上は、自分たちの働くモチベーションについて考えているときに、ある本を見つけた。

アメリカで「ティーチ・フォー・アメリカ」という非営利団体を立ち上げたウェン

ディ・コップが書いた『いつか、すべての子供たちに』（英治出版）という本である。

ティーチ・フォー・アメリカは、全米の優秀な大学の卒業生を、２年間、環境の劣悪な公立小学校に派遣する活動をしている。教育改革において大きな成果を上げたと賞賛され、その団体は２０１２年に全米の文系大学生の就職先人気ランキングで３位になった。

村上は、この本を読んで、「自分たちとモチベーションがまったく同じ」であることに気づき、驚いたという。

アメリカの若者が、給料ではなくやりがいを選択している。それも、ハーバードやプリンストンといった有名大学の卒業生が率先して、所得の低い地域の学校に行き、小学生に教えるのである。

所得の低い地域で育った子どもは、教育の機会が限られ、やはり収入の少ない職業しか選択肢がなくなる。こうして格差はさらに開いていく。だが、大学を卒業したばかりのエリートが、すべての子どもたちが平等に教育を受けられるよう努力し、確実に社会を良い方向へ進めようとしている。

社会起業には興味がないという村上だが、この非営利団体を立ち上げたウェンディ・コップには大きな共感を覚えた。

「**お金のために人は働かない**。それはもはや大きな流れです」

そう確信するに至った本もある。アメリカのベストセラー作家、ダニエル・ピンクが書いた『モチベーション3・0』（講談社）だ。私は2年前、幸いにも著者にインタビューする機会を得ている。村上も、この著者の書籍には感銘を受けたようだ。

原始時代は、人は自分の生存を守るために行動していた。これが「モチベーション1・0」である。工業化社会になって金銭や懲罰、つまりアメとムチによって働かせられていたのが「モチベーション2・0」。ところが、もはやお金のために働かない時代になり、それが「モチベーション3・0」だ。

日本でも、10年ほど前に「成果主義」がもてはやされ、多くの企業で導入されたが、失敗に終わった。年功序列の給与体系に代わるものとして期待されていたのだが、結局のところ給料ではモチベーションは上がらなかったのである。

そして、その「モチベーション3・0」の3つの要素は、「自律性」「マスタリー（熟達）」「目的」だという。

自立性とは、自分で物事を決め、好きなように仕事をすること。マスタリーとは、いわれたことに受動的に従うのではなく、自分から積極的に関わり、より良いものを求めていくこと。そして目的とは、自分の人生の意義を問うことである。

「自分のモチベーションがどのようにわくかを考えたとき、この本に書かれていることがぴったり当てはまって驚きました」と村上は語る。

サッカー選手の著書に共感。「普通の人」の勝ち方を追求する

子どものころはあまり本を読まなかったという村上だが、今では仕事に役立ちそうな本はいろいろと読んでいる。

最近、強く共感を覚えたのが、先にも紹介した120万部を超えるベストセラーとなった長谷部誠著『心を整える。』（幻冬舎）である。インタビュー中に何度となくこの本の話になった。

「プロ意識がすごいと思いました。コンディションの整え方、サッカーに向かう姿勢、プロとしてのプライドがひしひしと伝わってきました」

サッカー日本代表のキャプテンという重責を担っている選手だが、天賦の才能で華麗なキャリアを築いてきたわけではない。

「この本には、**普通の人の勝ち方が描かれている**と思ったんです。なぜかというと、

私自身も普通の人だから。特別な才能があったわけではありません。だから、長谷部選手が普通の人の勝ち方を目指して愚直にやっている姿勢に共感したんです」

逆にいえば、長谷部も村上も、普通であることを自覚しているがゆえに、強いのかもしれない。

「それはあるかもしれないです。普通だからこそ、自分を客観的に見て、何が得意で、何が苦手かを理解し、自分をどう生かすかを考えるようになる」

自分が普通であることを認識し、それを強みに変えている村上だが、一方で、自分は普通でなければならないと思っているという。

「自分が普通だと考えることに価値があるんです。普通じゃなくなったら困る。もし将来、子どもが生まれたら、普通に育てたいですね。勉強にしても、金銭感覚にしても、普通でなければならない」

上の世代にしてみれば、理解しにくい感覚かもしれない。自分が「普通」ではなくなるために、必死に努力してきたのではないか、とも思えるからだ。埋没したくなくて頑張ってきたはずである。ところが、「普通でありたい」という。これは、村上の世代特有の感覚なのだろうか。

「**欲しいのは精神的な豊かさだと思うんです**。それ以外は普通でいい。普通で十分なんです。実際、無理に普通を超えた成長を目指そうとして、社会がおかしくなってきたのではないでしょうか」

この世代は、ライブドア事件の堀江貴文氏のように、ビジネスで成功し、社会で価値があるとされていた〝お金〟をたくさん持ったことも要因のひとつとなって、激しいバッシングを受けた、という矛盾も目の当たりにしている。

だからこそ、成功してお金を稼ごう、などとは思わないのではないか。それが表れているのが、「普通でいたい」という言葉なのかもしれない。

普通でありたいと思いながらも、村上は25歳で自分の会社を上場させることができた。普通の人は、果たしてそんなことができるものなのだろうか。

普通の人であることと、ほかの人には真似できない大きな成果を上げることには、矛盾はないのだろうか。村上はいう。

「どうして自分が記録を更新できたのかというと、ものすごく高い目標を立てて取り組んできたからだと思っています。私は、低い目標を作って達成するよりは、高い目標を作って達成できないくらいのほうがいいと思っているんです」

目標を達成するために、「自分は特別だ」と暗示をかけて自分を奮い立たせるのではなく、「自分は普通だ」と認識して自分を生かそうとする。そして、成果を上げた後も、「自分は特別だ」と驕るのではなく、「自分は普通だ」と謙虚になる。
これが村上の取り組み方なのである。

何が〝正しい〟のか世に問うために戦う

リブセンスが上場した日に東証で行われた記者会見で、「自分に影響を受けて起業した若い人が、これから最年少上場記録を更新するようなことがあればうれしいですね」と村上は話していた。

だが、誰にでも起業を勧めるわけではないという。

「**起業は本当に大変です**。うまくいかないことのほうが圧倒的に多い。だから、若い人たちにどんどん起業しろというのは、ちょっと違うという気がしています。ただ、起業する能力のある人が、試してみたい事業プランを持っているのならば、ぜひ起業してほしい。そういう人たちが安定した地位にいて、とりあえず給料をもらえればいいやと思っているのであれば、とても悲しいことです。国の産業を活性化させるためにも、起業は必要です」

大企業や公務員が、学生の人気の就職先であるのはおかしいと村上は考えている。

「みんな、目の前の選択肢の中から選ばなければならないと思い込んでいるんじゃないでしょうか」

就職人気ランキングは、学生たちの本心から出ているものではなく、妥協の産物ではないのかと感じている。

もはや公務員や大企業が安定とは言い切れない。大企業だって倒産する。公務員だって、国の借金の額を考えれば、この先リストラにあうかもしれない。

「むしろ重要なことは、どんなことがあっても生きていけるスキルを身につけておくことですよね。真の安定というのは、自分自身にスキルがあることです」

就職するならば、組織がなくなっても生きていけるスキルを身につけられる会社が望ましい。そして、村上は、若いときには失敗が許されると思っている。

「若ければ、どん底までには落ちません。良い挑戦をしたならば、その後いくらでもトライできる。だから、もし自分の理想に向けて挑戦するのであれば、早ければ早いほどいいと私は思っているんです」

日本には「平等でなければならない」という考え方が根強い。だが、人によって得意なことが違う。リーダーシップを発揮できる人もいれば、サポートする側で優れた能力を発揮する人もいる。どのポジションが偉いということではない。人にはそれぞれ役割があるのだ。その役割に気づき、全力を尽くすからこそ、成果と達成感が得られる。

重要なことは自分の役割を見つけることだ。これをうまく見つけられないと、成果も上げられないし、幸せになれない。

自分の役割を見つけるということは、自分の生きる意味を見つけるということだ。

「生まれたからには、自分の役割を果たしたいと思っています。生まれてきた理由が何かあるはずですから」

メディアでは、日本企業の疲弊が伝えられている。グローバル市場でも苦戦している。村上は、これ以上、豊かさを求めようとすることに無理があると語る。

「物質的な豊かさではなく、精神的な豊かさこそ求めて戦うべきです。そろそろ考え方をシフトしなければならないと思うんです」

インターネットの進化により、さまざまなものが無料になっている。これはもはや止められない流れである。既存のビジネスモデルでは、なかなか収益を上げられなくなる日が来る。すると、何が生き残りのカギとなるのだろうか。

「どんなマインドで仕事に向かっているか。本当に相手のためを思っているか。それが問われてくるんだと思うんです」

だが、そういったマインドの土台となるものが、崩れているのではないかと村上は心配している。

「日本は今、目の前のことさえよければいいという考え方をする人が多くなっていないでしょうか。やっぱりそれでは、負けてしまう……」

村上の話を聞きながら、彼が求めているのは「**正しさ**」ではないかと気づいた。日本は豊かさを追求し、それを維持するうちに、次第にこの「正しさ」をおろそかにしてきてしまったのではないか。

世の中きれいごとだけではやっていけない。何かを手に入れるためには、何かを犠牲にしなければならない……。

そうやって、少しずつ「正しさ」を失ってきてしまったのではないか。

何が本当に正しいことなのか。

豊かであることが当たり前で育った若い世代が、こんなふうに激しく、厳しく、それを問いかけているような気がするのだ。

もちろん、答えは簡単には出てこない。だが、本来ならあってしかるべき理想が、いつの間にか隅に追いやられてはいないだろうか。

だからこそ、村上は、〝幸せから生まれる幸せ〟という理念を掲げて戦うのである。

正しい会社が支持され、成長すれば、世界は確実に正しい方向へ向かうだろう。

そして実際、正しくあろうとしている会社が、目覚ましいスピードで成長し、上場まで果たせた。

この事実に、日本という国の、これからの可能性を思うのである。

おわりに

史上最年少上場の経営者とはいえ、25歳の若者である。果たしてどこまでインタビューができるのか。もっといえば、一冊の本ができあがるほどの話が聞けるのか、実は心配していた。

だが、それはまったくの杞憂《きゆう》だった。

子どものころの思い出から、親の教育、学校で感じたこと、起業までのドラマ、事業を軌道に乗せるまでの苦しみ、そしてブレイクスルー、人材のマネジメント、生きる信念、豊かさについて思うことまで、本当にいろんな話を聞くことができた。

25歳にして、これほどまでに物事を考えているのかと驚いた。もちろん、社会の公器である上場企業の経営者なのだから、当然のことかもしれない。

しかし、自分の25歳のころを思えば、あるいは当時自分のまわりにいた同年代の若者の姿を思い浮かべれば、村上太一という青年の非凡さを、改めて思わざるを得ない

（本人は自分は普通だといっていたが）。

そして、両親の教育のすばらしさにも感嘆してしまう。

かつて新聞記事を切り抜いてトイレのコルクボードに貼っていた村上の母親は、現在、テレビを見ることができない息子のために、経済番組を録画したDVDを送っているという。

今の社会では、メディアの報道を見ていても、20代の若者に対する評価は、残念ながら芳しいものではない。十把《じっぱ》一絡《ひとから》げにそのような評価ができるわけがないのだが、〝大人〟たちの嘆きぶりは、極めて大きい。

良くいえば「素直」で、いわれたことはがんばってやる。悪くいえば「ひ弱」で覇気がない。

そして、「若者が海外に行かなくなった」ともいわれる。海外で挑戦する人が減っているだけでなく、旅行に行く人も減っているのだそうだ。この話を村上にぶつけてみると、興味深い答えが返ってきた。

「私も旅行には行かないですね。旅行ってストレスがたまるじゃないですか。ただ、意味があると思えば行きます」

先にも少し触れた、鶏を絞めるワークショップに参加するため、つい最近も九州へ行ってきたという。

「食べることについて改めて考えたくて、命のありがたさというか、『いただきます』の意味を知るべきだと思ったんです」

自分の中に明確な目的があれば旅にも出る。思えば、若者が海外に行かなくなったと嘆く上の世代は、そこまで目的を持って海外旅行に行っていたのだろうか。では、何のために海外へ行く必要があるのか。

海外といえば、興味深い話がある。村上に、リブセンスのグローバル戦略を問うたときのことだ。今や、製造業からＩＴまで、日本はグローバル化の嵐が吹き荒れている。世界に出て行かなければもはや成長はないという空気だ。だが、村上はあっけらかんとこういった。

「まだ日本で勝てていないんですよ。日本でも勝てていないのに、海外に行っても勝てるはずがないと思っています。そもそも、日本にもまだまだ途方もない大きなマーケットがあります」

とはいえ、世界に打って出るとしたら、どういう戦略だろうか。

「海外に出て行くには、ふたつの方法しかないと思っています。ひとつは、アニメやマンガなどのように、日本独自の魅力を海外に提供する方法。もうひとつは、巨額のお金を投資してマーケットをかっさらう方法です。今のところ、私たちには両方ともできない」

とても冷静だ。だが村上は、大胆なことも語り出した。

「世界に出て行くときは、まったく違うビジネスになるかもしれません。グローバル展開では、言語が大きなネックになります。だから、非言語のサービスのほうが向いているかもしれません。本気でやるなら、まったくの別事業をやる可能性は高いですね」

そして、日本でも、まったく異なる領域で、驚くような新規事業を立ち上げることもありうるという。実際、さまざまなサービスの開発を進めている。

「私たちリブセンスという会社の目的は、文化となるウェブサービスを作り上げていくことですから」


今、若い人たちの間で、〝幸せ〟のモデルが急速に変わりつつある。

ステレオタイプな成功は、もはや彼らの眼中にない。

彼らが目指しているのは、〝本物の幸せ〟とでもいうべきものだ。

〝本物の幸せ〟とは何かに気が付くことができれば、モノやお金ではなく、精神的な満足を目標にして仕事ができる。

そうすれば、強くなれる。

どんなことがあっても負けない自分が築き上げられる。

心が強くなった若者たちが、これからどんな未来を築き上げていくのか。楽しみに見つめたいと思う。

できればそのために、わずかでも助力できれば、私も幸せである。


本書の執筆にあたっては、日経ＢＰ社出版局編集第一部の竹内靖朗氏にお世話になった。本書の企画に始まり、たくさんのご助力をいただいたおかげでこの本はある。

また、取材のアテンドをしてくださった、リブセンス経営管理本部広報・ＩＲ担当の真鍋順子氏に御礼申し上げたい。そして、貴重なお時間を割いて長時間の取材に応じてくださったリブセンス代表取締役社長の村上太一氏に改めて御礼申し上げたい。


たくさんの方の〝幸せ〟のために、本書がわずかでもお役に立てれば、幸いです。

筆者

リブセンスと村上太一社長についての年表

1986年	10月27日	東京都大田区に生まれる
2002年	4月	早稲田大学高等学院に入学。公式テニス部に入る
	8月	テニス部を引退し起業資金をためるためにアルバイトを始める
2004年	10月	文化祭で100人にものぼるスタッフを動かす
2005年	4月	早稲田大学政治経済学部に入学
	7月	「ベンチャー起業家養成基礎講座」のコンテストで優勝
	8月	インターネット広告会社にてテレアポのアルバイトを始める
	9月	大和総研にてインターンを始める（ベンチャーコンテストの副賞）
2006年	2月8日	株式会社リブセンス設立。資本金は300万円。オフィスはベンチャーコンテストの副賞で1年間無償
	4月14日	アルバイト情報サイト「ジョブセンス」を、PC版・モバイル版にてサービス開始
	10月	「ジョブセンス」に「採用祝い金」のシステムを導入
2007年	3月	「ジョブセンス」をリニューアルし、全国展開
	9月	月商1000万円を突破
2008年	5月	「ジョブセンス」の求人情報掲載数が1万件を突破
		転職情報サイト「ジョブセンス社員」を、PC版・モバイル版にてサービス開始

8月　東京都新宿区（高田馬場）へ本社移転

10月　資本金を300万円から1500万円へ増資

2009年

4月　「ジョブセンス社員」をリニューアルし、「ジョブセンスLink」へ名称変更

11月　派遣情報サイト「ジョブセンス派遣」を、PC版・モバイル版にてサービス開始

12月　東京都渋谷区へ本社移転

2010年

3月　プライバシーマーク取得

4月　賃貸情報サイト「DOOR賃貸」を、PC版・モバイル版にてサービス開始

2011年

6月　中古車情報サイト「Mortors-net」β版を、PC版・モバイル版にてサービス開始

8月　本社移転（同一ビル内でのフロア移転）

12月7日　東京証券取引所マザーズ市場へ株式上場。25歳1カ月で5年ぶりに最年少上場記録を更新

12月　転職クチコミサイト「転職会議」の会員機能をリニューアルし本格稼働

2012年

3月　「ジョブセンスLink」を「ジョブセンスリンク」へ名称変更

株式会社リブセンス

リブセンスという社名は、「生きる意味」という言葉に由来する。

「生きる意味」=「幸せになること」であるという考えの下、経営理念を「幸せから生まれる幸せ」とし、サービスを利用するお客さまと共に、提供する私たち自身も幸せになることを目指している。

2006年の設立以降、この経営理念の下、ユーザー・顧客企業・当社にとって三方良しの「成功報酬型ビジネスモデル」を活用し、インターネットメディアを運営。事業は、アルバイト求人サイトの運営に始まり、正社員・派遣社員領域、不動産賃貸領域、中古車領域、クチコミサイトへと着実に拡大を続けている。2012年6月末現在、1万8000社超の企業と月間約1000万人のユーザーがサービスを利用している。

リブセンスでは、「文化となるWebサービスを、つくる。」というスローガンを掲げている。各々の業界や事業領域において「圧倒的No.1」「オンリーワン」のサービスは、人々に当たり前のように利用され、なくてはならないサービスとして定着し、ひとつの"文化"となる。文化となるようなサービスを創造・提供していくことで、多くのお客さま、そして広く社会に必要としてもらえる企業となるべく邁進している。

村上太一(むらかみ たいち)

株式会社リブセンス代表取締役社長。1986年東京都生まれ。

幼い頃から人に喜ばれることが純粋に好きで、小学校高学年頃から将来は社長になりたいと思うようになる。高校時代には、簿記やシステム・アドミニストレータの資格取得、起業イベントへの参加、メンバー集めなど、起業に向けた準備を開始。初めてアルバイト探しをした際に感じた不便さを解消しようと、アルバイト求人サイトのビジネスを考案する。

2005年、早稲田大学政治経済学部に入学後、大和証券グループ本社の寄付講座である「ベンチャー起業家養成基礎講座」を受講し、その講座のビジネスプランコンテストで優勝。大和総研やインターネット関連ベンチャー企業でのインターンシップを経て、2006年に大学1年生でリブセンスを設立。2009年大学卒業。2011年12月、史上最年少25歳1カ月で東証マザーズへ株式上場。

会社事業が何より好きで、365日仕事を楽しむ日々を過ごしている。

現在、事業の合間をぬって起業を志す学生向けに多数講演し、次代を担う後進にエールを送っている。

著者略歴

上阪 徹（うえさか とおる）

1966年兵庫県生まれ。89年早稲田大学商学部卒。リクルート・グループなどを経て、95年よりフリーランスのライターとして活躍。経営、経済、就職などをテーマに、雑誌や書籍などで幅広く執筆やインタビューを手がけている。広範囲に及ぶ取材相手は、軽く3,000人を超える。
著書に『会話は「聞く」からはじめなさい』（日本実業出版社）、『文章は「書く前」に8割決まる』（サンマーク出版）、『書いて生きていく　プロ文章論』（ミシマ社）、『六〇〇万人の女性に支持される「クックパッド」というビジネス』（角川SSC新書）、『「カタリバ」という授業』（英治出版）、『預けたお金が問題だった。』（ダイヤモンド社）、『「銀行マン」のいない銀行が4年連続顧客満足度1位になる理由』（幻冬舎）など。インタビュー集に、累計40万部を突破した『プロ論。』シリーズ（徳間書店）、『外資系トップの仕事力』シリーズ（ダイヤモンド社）などがある。

リブセンス〈生きる意味〉
25歳の最年少上場社長 村上太一の
人を幸せにする仕事

2012年9月3日　第1版第1刷

著　者　上阪 徹
発行者　瀬川弘司
発　行　日経BP社
発　売　日経BPマーケティング
〒108-8646 東京都港区白金1-17-3 NBFプラチナタワー
電 話 03-6811-8650（編集）
03-6811-8200（営業）
http://ec.nikkeibp.co.jp/
装　丁　坂川栄治+坂川朱音（坂川事務所）
カバー写真　斎藤 実
制　作　アーティザンカンパニー株式会社
印刷・製本　図書印刷株式会社

ISBN 978-4-8222-4919-9